地方智库报告
Local Think Tank

新型农村集体经济发展：平定实践

Development of New Rural Collective Economies:
The Practice of Pingding County

许光建　黎珍羽　等著

中国社会科学出版社

图书在版编目(CIP)数据

新型农村集体经济发展：平定实践 / 许光建等著 . —北京：中国社会科学出版社，2024.2
ISBN 978 – 7 – 5227 – 2974 – 9

Ⅰ.①新… Ⅱ.①许… Ⅲ.①农村经济—集体经济—研究—中国 Ⅳ.①F321.32

中国国家版本馆 CIP 数据核字(2024)第 034231 号

出 版 人	赵剑英
责任编辑	王 琪
责任校对	杜若普
责任印制	王 超

出　　版	中国社会科学出版社
社　　址	北京鼓楼西大街甲 158 号
邮　　编	100720
网　　址	http://www.csspw.cn
发 行 部	010 – 84083685
门 市 部	010 – 84029450
经　　销	新华书店及其他书店

印　　刷	北京明恒达印务有限公司
装　　订	廊坊市广阳区广增装订厂
版　　次	2024 年 2 月第 1 版
印　　次	2024 年 2 月第 1 次印刷

开　　本	710×1000　1/16
印　　张	14.25
插　　页	2
字　　数	186 千字
定　　价	78.00 元

凡购买中国社会科学出版社图书，如有质量问题请与本社营销中心联系调换
电话：010 – 84083683
版权所有　侵权必究

《阳泉市抓党建促基层治理能力提升专项行动创新成果丛书》编委会

主　　　编：周庆智

编委会成员（以姓氏笔画为序）

　　　　　　马宝成　王　茵　王炳权　王敬尧

　　　　　　孔繁斌　张小劲　张明军　周庆智

　　　　　　赵树凯　党国英　崔智林　景跃进

编　　　务：刘　杨　王　琪

目 录

绪 论 …………………………………………………………（1）

第一章 村级集体经济发展的平定范例 ……………………（10）
  第一节 平定县农村集体经济发展的制度背景和
        现实依据 ……………………………………（10）
  第二节 平定县农村集体经济发展的总体情况 …………（19）

第二章 党建引领农村集体经济发展的平定经验 …………（25）
  第一节 联村党建：冶西镇里三村构建艾草
        种植加工产业链 ……………………………（25）
  第二节 基层党建：巨城镇半沟村红薯产业链
        与"一村一品示范村" ………………………（32）
  第三节 人才党建：东回镇七亘村"红""绿"
        资源打造红色旅游 …………………………（41）
  第四节 联村党委：岔口乡甘泉井村西红柿
        精加工助力致富 ……………………………（48）
  第五节 生态建设：锁簧镇东锁簧村探索
        集体经济新形式 ……………………………（54）
  第六节 文旅战略：娘子关镇娘子关村大旅游
        推动乡村振兴 ………………………………（59）

第七节　搬迁转型：冠山镇鹊山村扶贫产业园
　　　　走出脱贫新路 ………………………………………（68）
第八节　因地制宜：石门口乡徐峪沟村探寻
　　　　人口老龄化出路 …………………………………（78）
第九节　一核三轮：张庄镇宁艾村党建引领
　　　　产业融合发展 ……………………………………（86）
第十节　连横向纵：柏井镇东山村联村协作
　　　　拓展经济纵深 ……………………………………（93）

第三章　平定县农村集体经济与基础性公共服务 …………（99）
　第一节　基础性公共服务的界定 ………………………（99）
　第二节　平定县农村集体经济支撑基础性公共服务
　　　　现状 ……………………………………………（100）

第四章　平定县农村集体经济与经济性公共服务 …………（121）
　第一节　经济性公共服务的定义 ………………………（121）
　第二节　平定县农村集体经济支撑经济性公共服务
　　　　现状 ……………………………………………（121）

第五章　平定县农村集体经济与社会性公共服务 …………（142）
　第一节　社会性公共服务的定义 ………………………（142）
　第二节　平定县农村集体经济支撑社会性公共服务
　　　　现状 ……………………………………………（143）

第六章　平定县农村集体经济治理的推进路径 ……………（165）
　第一节　平定县农村集体经济模式的现实问题 ………（165）
　第二节　平定县对组织建设农村集体经济治理的
　　　　影响路径和作用机制 …………………………（181）

第三节　平定县以党建促集体经济发展的政策
　　　　　　建议 …………………………………………（188）

第七章　平定县农村集体经济治理的理论意义与
　　　　实践意义 ……………………………………………（192）
　　第一节　平定县农村集体经济治理的理论意义 ………（192）
　　第二节　平定县农村集体经济治理的实践意义 ………（196）

附　录 ……………………………………………………………（202）
　　一　平定县党建引领农村集体经济发展的现状调查
　　　　（供干部填写）……………………………………（202）
　　二　平定县农村集体经济支持农村公共服务事业的
　　　　现状调查（供村民填写）…………………………（210）

参考文献 …………………………………………………………（216）

后　记 ……………………………………………………………（220）

绪　　论

集体经济是我国社会主义公有制经济的重要组成部分，是指生产资料在一定的集体经济组织内部归劳动者共同所有，由集体经济组织对其所占有的生产资料行使所有权，包括农村集体经济组织和城镇集体所有制以及股份合作制等各种形式的合作经济。农村集体经济在推动乡村产业振兴、完善乡村治理体系中发挥着重要作用。《中华人民共和国宪法》中对我国生产资料公有制及其对应的经济类型做出了明确界定。其中，第八条规定"农村中的生产、供销、信用、消费等各种形式的合作经济，是社会主义劳动群众集体所有制经济"。2016年12月出台的《中共中央　国务院关于稳步推进农村集体产权制度改革的意见》把农村集体经济界定为"集体成员利用集体所有的资源要素，通过合作与联合，实现共同发展的一种经济形态，是社会主义公有制经济的重要形式"。

从发展阶段来看，我国农村集体经济主要经历了传统农村集体经济和新型农村集体经济两个阶段。所谓传统农村集体经济，指的是改革开放以前较长一个时期存在的农村集体经济，正如习近平总书记所指出的，"改革前，农村集体土地是土地所有权和经营权合一，土地集体所有，集体统一经营"[①]。党的十

[①] 《习近平关于"三农"工作论述摘编》，中央文献出版社2019年版，第53页。

一届三中全会之后,随着家庭联产承包责任制的迅速推开,我国实行了以家庭承包经营为基础、统分结合的双层经营体制。最近几年,新型农村集体经济在乡村振兴的背景下逐渐兴起。所谓新型农村集体经济,是指在农村一定的村域范围内,以农民为主体,相关利益方通过联合与合作,形成的具有明晰的产权关系、清晰的成员边界、合理的治理机制和利益分享机制,实行平等协商、民主管理、利益共享的经济组织新形态。相对于传统农村集体经济,新型农村集体经济不仅包括劳动者的劳动联合,还包括劳动与资本、技术、管理等各种生产要素的联合。同时,这种联合也不局限于农村内部,城市和非农部门等外来的各种生产要素也是新型农村集体经济的重要组成部分。因此,新型农村集体经济的内涵更为丰富,是我国农村改革的重要创新之一。

发展新型农村集体经济具有重要意义。一是新型农村集体经济有利于加快实现农民共同富裕。从全国各地实践来看,在很多大力发展新型农村集体经济的农村地区,都更好地实现了农民家庭收入、生活条件和农村基础设施的明显改善。二是新型农村集体经济是支持农村公共事务发展的重要保障。新型农村集体经济能够为农村的基础性公共服务、经济性公共服务和社会性公共服务提供有力的支撑,能够改善农村道路、水、电、气、医疗、垃圾处理等公共事务,进而改善农民的生活和生产环境,提升农民的幸福感。三是通过发展新型农村集体经济,基层党组织能够具有更强的凝聚力和号召力。基层党组织是否具有凝聚力,取决于能否给农民带来实实在在的好处和幸福;基层党组织是否有号召力,取决于能否给群众带来共同致富的希望。

平定县隶属山西省阳泉市,县域总面积1394平方千米,辖10个乡镇、2个社区办事处,218个行政村、19个社区,总人口约32万人。近年来,平定县坚持党建引领,加强基层组织建设、强化配套政策保障、创新发展模式,村级集体经济稳步发展壮大。

平定县农村集体经济发展具有鲜明的代表性和导向性,总结平定县党建引领农村集体经济发展的经验和创新实践,对我国农村集体经济发展具有理论启示和现实政策意义。

第一,加强基层党组织建设。习近平总书记指出,"农村基层党组织是农村各个组织和各项工作的领导核心,要强化农村基层党组织职能,把农村基层党组织建设成为宣传党的主张、贯彻党的决定、领导基层治理、团结动员群众、推动改革发展的坚强战斗堡垒"①。平定县委常态化开展整顿软弱涣散基层党组织,持续加强农村基层党组织标准化、规范化建设。以"选优配强"带头人为抓手,稳定环境,凝聚人心。一方面常态化开展"领头雁"培训,完善长训班学员"4+1"精准帮扶机制,用好"双日双评"平台、新时代夜校、乡镇党校等载体精准化"靶向"培训;抱团发展,组建村村、村企、区域联合党组织,实施"强带弱、大带小"发展战略;另一方面,开展"燕归巢"行动,号召外出务工能人回村任职,持续选派机关事业单位干部到村子担任党支部书记,带领村民增收致富;健全"选、育、管、用"全链条机制,不断增强村级党组织引领发展能力。

第二,完善相关配套政策。土地方面,安排新增建设用地指标,保障重点乡村重点产业和项目用地;在符合国土空间规划的前提下,通过增减挂钩、全域土地综合整治、工矿废弃地复垦等方式,盘活农村存量建设用地;积极探索点状供地、区块供地模式,支持乡村旅游、休闲农业等新业态用地需求;财税方面,每年安排专项资金用于农村集体经济发展,开展财政

---

① 《习近平关于"三农"工作论述摘编》,中央文献出版社2019年版,第189页。

支农资金"拨改投"改革,鼓励采取资本金入股、委托投资管理等方式支持新型农村集体经济发展,对农村集体经济组织兴办的各类经营性项目,依法依规减征免征相关税费;金融方面,鼓励金融机构加大对村集体经营性项目信贷的投放力度,提供优惠利率,支持发行"三农"专项金融债券,探索开展集体资产股份抵押贷款等业务,建立政银企常态化对接机制;奖惩方面,在基本报酬、绩效报酬的基础上,对经营性收入增速快的村及村干部给予奖励,树立"干得好挣得多、干得差挣得少"的鲜明导向。

第三,以产业链贯通促融合。一是推进产业空间集聚。各乡镇坚持全域规划、片区发展。农业方面,推动农产品加工业、仓储物流、营销网点等加快向示范园区集聚,鼓励邻近村组成产业联合体扩大种植、养殖规模;工业方面,以链长制为抓手,突出龙头引领,带动产业集聚。二是完善产业链薄弱环节。紧盯农产品薄弱环节,延长产业链条,聚力发展农产品精深加工;积极发展上下游产业,带动周边村民就业,布局建设整装生产线、相关配套产业项目,分阶段推进乡镇建设。

第四,以利益联结谋发展。积极探索"以龙头企业为引领、以农民合作社为骨干,以农户为基础"的产业发展利益联结机制,确保农村产业融合增值收益更好惠及农民。一是探索产权要素入股分红模式。支持农民以土地、房屋等入股农民合作社等经营组织,参与农村产业融合发展。二是完善农民就业联结模式。优先安排村民就业,带动村民参与利益分享。三是发展订单农业模式。建立稳定的产销合作关系,强化产销对接机制,前期实行统一选种、统一技术指导,后期统一回收、统一销售。

第五,打造新产业新业态。发展绿色经济,推进特优农业,打造区域公共品牌,推动农业与旅游、康养、教育等交叉融合;发展红色经济,讲好红色故事,打造爱国主义教育、党性教育基地，丰富休闲观光、红色文创、研学教育、情景体验等旅游产品，推进红色文化研学旅深度融合；发展物业经济，依法依规整合村集体资源资产，综合开发利用集体经营性建设用地，为旅游景区、工业园区、工矿企业配套建设服务性项目；发展服务经济，支持村集体发展农业专业服务公司等服务主体，围绕"农业生产、农民需求"开展便利化的公益性和经营性服务。

本书以平定县党建引领农村集体经济发展为主题，内容包含三个部分：一是以平定县集体经济发展成绩突出的若干行政村为样本，对其党建引领基层治理实践的基本情况、成绩及其经验等展开系统调查，进行全面分析；二是以平定县集体经济服务农村公共服务为主线，对平定的集体经济的功能和作用进行总结和分析，即论述平定县集体经济对平定县基础性公共服务、经济性公共服务和社会性公共服务的支撑作用；三是总结平定县农村集体经济治理的推进路径，根据平定县农村集体经济发展中遇到的现实问题，提出有针对性的政策建议。

本书采用定性研究方法与定量研究方法相结合的策略，具体方法如下。

（1）个案研究法。对平定县新型集体经济发展成绩突出的若干行政村进行实地调研，并对个案进行比较研究。

（2）深度访谈法。就农村集体经济发展的普遍性问题以及平定县农村集体经济发展的典型问题，对不同的行政村村民和乡镇干部进行深度访谈，深化对农村集体经济的认识。

（3）文本分析法。对平定县集体经济发展的有关文本材料进行梳理分析，总结出平定县集体经济的发展现状、发展措施及发展经验。

（4）问卷调查法。根据前期的文献梳理、访谈分析和文本解读，分别针对"平定县党建引领农村集体经济发展的现状研究"主题和"平定县农村集体经济支持农村公共服务事业的现状研究"主题编制调查问卷,对平定县全部10个乡镇进行调查,分别获得了404份和2137份有效问卷,为本书的研究提供了客观的实证数据支持,并在一定程度上弥补了定性研究方法的不足。

在本书中,我们对来自平定县10个乡镇的干部进行问卷调查,剔除作答时间过短、同选项作答等无效问卷后,共收集到有效问卷404份。从年龄结构来看,26—35岁年轻干部共计98人,占比24.26%;参与调查的36—45岁干部共78人,占比19.31%,整体来看,青壮年基层干部充足。从性别比例来看,参与调查的女性基层干部共有164人,占比40.59%,男女比例较为均衡。从文化程度来看,大专及以上的干部共有286人,占比70.80%,说明当地基层干部的文化水平较高。从分布地区来看,本次充分调研了平定县所有乡镇——冠山镇、冶西镇、张庄镇、锁簧镇、巨城镇、柏井镇、石门口乡、东回镇、娘子关镇和岔口乡。每个乡镇均有村干部参与调研,说明本次调研能够较好地反映平定县各乡镇的情况,具有较强的代表性。其中参与人数最多的为冶西镇,共91人参与,占比高达22.52%。(详见表0—1)

表0—1   参与调查的干部的基本情况

变量指标	类别	人数	占比(%)
性别	男	240	59.41
	女	164	40.59
年龄	25岁以下	27	6.68
	26—35岁	98	24.26
	36—45岁	78	19.31
	46—55岁	159	39.36
	55岁以上	42	10.40

续表

变量指标	类别	人数	占比（%）
文化程度	小学及以下	0	0
	初中	29	7.18
	高中（职高、高技）	35	8.66
	中专	54	13.37
	大专（高职）	141	34.90
	本科	139	34.41
	硕士研究生	6	1.49
	博士研究生	0	0
所在乡镇	A. 冠山镇	50	12.38
	B. 冶西镇	91	22.52
	C. 张庄镇	52	12.87
	D. 锁簧镇	52	12.87
	E. 巨城镇	38	9.41
	F. 柏井镇	26	6.44
	G. 石门口乡	34	8.42
	H. 东回镇	35	8.66
	I. 娘子关镇	25	6.19
	J. 岔口乡	1	0.25

资料来源：问卷调查。

在本书中，我们对来自平定县10个乡镇的村民进行问卷调查，剔除作答时间过短、同选项作答等无效问卷后，共收集到有效问卷2137份。从年龄结构来看，参与调查的村民年龄既有25岁以下的青年，又有55岁以上的中老年，其中共收集46—55岁的问卷721份，占比33.74%；55岁以上的问卷521份，占比24.38%，这也从一个侧面反映出当年基层的人口出现了较为明显的老龄化现象。从文化程度来看，初中学历村民占比最大，共收到900份有效问卷，占比42.12%，本科及以上学历不足

7%。从分布地区来看，本次充分调研了平定县10个乡镇，大多乡镇均有超过100名村民参与调研，说明本次调研能够较好地反映平定县各乡镇的情况，具有较强的代表性。其中，参与人数最多的为石门口乡，共902人参与，占比高达42.21%。（详见表0—2。）

本书的资料来源由三个部分构成。一是实地获取的调研资料。包括通过访谈、座谈会、专题调研、现场参与观察等获得的资料。二是文本资料。包括所调研乡镇提供的文本资料以及其他有关平定县农村集体经济发展方面的文本资料——中央、山西省、阳泉市、平定县出台的一系列推动村级集体经济发展

表0—2　　　　　　　　参与调查的村民基本情况

变量指标	类别	人数	占比（%）
性别	男	1380	64.58
	女	757	35.42
年龄	25岁以下	177	8.28
	26—35岁	297	13.90
	36—45岁	421	19.7
	46—55岁	721	33.74
	55岁以上	521	24.38
文化程度	小学及以下	100	4.68
	初中	900	42.12
	高中（职高、高技）	447	20.92
	中专	248	11.61
	大专（高职）	294	13.76
	本科	139	6.50
	硕士研究生	9	0.42
	博士研究生	0	0

续表

变量指标	类别	人数	占比（%）
所在乡镇	A. 冠山镇	153	7.16
	B. 冶西镇	117	5.47
	C. 张庄镇	121	5.66
	D. 锁簧镇	238	11.14
	E. 巨城镇	105	4.91
	F. 柏井镇	101	4.73
	G. 石门口乡	902	42.21
	H. 东回镇	130	6.08
	I. 娘子关镇	174	8.14
	J. 岔口乡	96	4.49

资料来源：问卷调查。

的政策、措施和有关规定。三是数据。本书的数据来源于全国农村政策与改革统计年报、国家统计局、国家发展和改革委员会、财政部、阳泉新闻网、《阳泉日报》等相关部门的经济社会发展统计资料，以及我们根据现场调研而编制的问卷调查的相关数据。

第一章　村级集体经济发展的平定范例

第一节　平定县农村集体经济发展的制度背景和现实依据

一　制度背景

（一）习近平总书记有关农村集体经济发展的重要论述

党的十八大以来，习近平总书记时刻关注农村集体经济发展，强调创新农村集体经济运行机制，提出了一系列新论述，做出了一系列新部署，对于平定县壮大农村集体经济有着重要的理论指导意义，成为深化农村集体经济改革的指导理念和基本原则。

在宏观层面，习近平总书记强调农村集体经济发展在实现中国社会主义农村改革"第二个飞跃"上的必要性和促进"乡村振兴"战略实施、提升农村基层组织力上的重要意义。2013年，习近平总书记参加全国"两会"江苏代表团审议时提出：在新中国"三农"发展与家庭承包责任制改革实践的历程中，"分"的积极性充分体现了，但"统"怎么适应市场经济、规模经济，始终没有得到很好的解决，[①] 集体经济发展缓慢，存在

[①] 《习近平总书记参加江苏代表团审议侧记》，《新华日报》2013年3月9日第1版。

"强分弱统"的偏差，农村改革亟待进一步深化。① 党的十九大以来，习近平总书记强调农村集体经济关系"乡村振兴"战略实施的成败。2018年，习近平总书记指出"要把好乡村振兴战略的政治方向，坚持农村土地集体所有制性质，发展新型集体经济，走共同富裕道路"②。

在微观层面，巩固和完善农村基本经营制度是发展壮大农村集体经济的基础。习近平总书记从推进农村土地"三权制度"改革、坚持"四个不能"的底线标准、建设现代农业经营体系、深化集体产权制度改革四方面做出强调。（1）推进农村土地"三权制度"改革。针对土地流转下农民的承包权与经营权分离的现象，2013年7月，习近平总书记在湖北考察改革发展工作时强调，"完善农村基本经营制度需要研究好农村土地所有权、承包权、经营权这'三权'之间的关系"③，推进农村土地"三权制度"改革，规范土地的依法流转。（2）坚持"四个不能"的底线标准。2016年4月25日，习近平总书记在安徽小岗村召开的农村改革座谈会上提出了农村基本经营制度改革"四个不能"的基本标准："不管怎么改，都不能把农村土地集体所有制改垮了，不能把耕地改少了，不能把粮食生产能力改弱了，不能把农民利益损害了。"④ "四个不能"的改革标准强调了农村集体经济改革的底线思维，成为巩固农村基本经营制度的基本

---

① 周建明：《在实施乡村振兴战略中重建农村建设的集体化机制》，《毛泽东邓小平理论研究》2018年第3期。
② 习近平：《把乡村振兴战略作为新时代"三农"工作总抓手 促进农业全面升级农村全面进步农民全面发展》，《人民日报》2018年9月23日第1版。
③ 习近平：《论坚持全面深化改革》，中央文献出版社2018年版，第73页。
④ 《习近平关于"三农"工作论述摘编》，中央文献出版社2019年版，第194页。

准则。①（3）建设现代农业经营体系。习近平总书记强调农村集体经济的发展应发挥其现实功用，整合村庄资源，建设现代农业经营体系，发展多种形式联合的农村新型集体经济，"适度规模经营，培育新型农业经营主体"②。（4）深化集体产权制度改革。针对农村集体经营性资产存在的归属不明、经营收益不清等问题，习近平总书记强调应"着力推进农村集体资产确权到户和股份合作制改革"③，"明晰农村集体产权归属"④。通过多种举措拓宽完善农村基本经营制度的路径，鼓励探索现代农业经营体系，为农村土地制度改革、农村集体产权制度改革的深化提供指导原则。

（二）党的十八大以来关于农村集体经济发展的党内法规及规范性文件

党的十八大以来，党中央全面深化改革，其中在农村土地制度改革、农村集体产权制度改革、加快构建现代化新型农业经营体系等方面出台了一系列政策，为农村集体经济活力的发展与壮大营造了良好的环境。深化农村土地制度改革，推动"三权分置"法治化；深化农村集体产权制度改革，保障农民集体财产权益，促进共同富裕，壮大新型农村集体经济；加快构建现代化新型农业经营体系，培育主体、创新服务，逐步解决"分"得太散、"统"得不够的问题。各项政策的出台为地方发展集体经济提供了政策依据与行动指南。

---

① 《中央农村工作会议在北京举行》，人民网，http://politics.people.com.cn/n/2013/1225/c1024-23937047.html。

② 习近平：《论坚持全面深化改革》，中央文献出版社2018年版，第398页。

③ 《习近平关于"三农"工作论述摘编》，中央文献出版社2019年版，第145页。

④ 《中央经济工作会议在北京举行》，中国政府网，http://www.gov.cn/xinwen/2016-12/16/content_5149018.htm。

我们将党的十八大以来关于农村集体经济发展的党内法规及规范性文件整理如下（见表1—1）。

表1—1　党的十八大以来关于农村集体经济发展的党内法规及规范性文件

年份	政策文件	主要相关内容
2013	《中共中央　国务院关于加快发展现代农业进一步增强农村发展活力的若干意见》	推动农村集体产权制度改革，加强集体"三资"管理，鼓励股份合作制改革
2014	《中共中央　国务院关于全面深化农村改革加快推进农业现代化的若干意见》	加快农村集体性建设用地产权流转制度的建设进程
2015	《深化农村改革综合性实施方案》	作为总体性方案，明确深化农村改革的基本内容和重点任务
2016	《中共中央　国务院关于落实发展新理念加快农业现代化实现全面小康目标的若干意见》	确定农村集体资源性资产确权登记颁证的完成时间，集体经营性资产以股权形式量化到户
2016	《中共中央　国务院关于稳步推进农村集体产权制度改革的意见》	确定集体资产清产核资与完成改革的时间，全面推进经营性资产的集体产权制度改革
2017	《关于加快构建政策体系培育新型农业经营主体的意见》	从财税政策、基础设施等实际层面支持新型农业经营主体发展
2018	《乡村振兴战略规划（2018—2022年）》	发展新型农村集体经济，鼓励发展实力相对较强的集体经济组织发挥辐射带动作用
2018	《关于坚持和加强农村基层党组织领导扶持壮大村级集体经济的通知》	逐步消除集体经济空壳村、薄弱村，实现村村都有稳定的集体经济收入
2021	《"十四五"推进农业农村现代化规划》	深化农村土地制度、农村集体产权制度改革，加快构建新型农业经营体系
2022	《中共中央　国务院关于做好2022年全面推进乡村振兴重点工作的意见》	发展农村要素市场，推动城乡融合发展，深化集体产权制度改革

（三）党的十八大以来关于农村集体经济发展的地方执行性规范

党的十八大以来，山西省委、省政府为发展壮大全省农村集体经济，坚定落实中央在发展农村集体经济上的部署，根据中央的意见与要求出台了一系列实施细则。推进农村土地"三权制度"改革，鼓励农村土地经营权规范有序流转。鼓励建设现代农业经营体系，稳步推进农村集体经济组织产权制度改革，培育和发展农村产权流转交易市场，不断壮大农村集体经济。做好产权制度改革的相关安排，明晰集体产权归属，促进资产股份的量化，加强农村集体"三资"管理规范化。发展壮大脱贫村集体经济，增强村党组织凝聚力，加强农村集体资产管理，鼓励规模经济，实施农村集体经济组织带头人培育工程。山西省通过出台农村集体经济发展的地方执行性规范，构建起了系统性、常态化的政策支持体系。

我们将党的十八大以来山西省关于农村集体经济发展的地方执行性规范整理如下（见表1—2）。

表1—2　党的十八大以来山西省关于农村集体经济发展的地方执行性规范

年份	政策文件	主要相关内容
2014	《关于印发〈山西省2014年农村土地承包经营权确权登记颁证试点工作方案〉的通知》	规划省内农村土地承包经营权的确权登记与颁证试点工作
2015	《关于引导农村产权流转交易市场健康发展的实施意见》	构建省、市、县、乡一体化的农村产权交易市场体系
2016	《关于开展资产收益扶贫试点的指导意见》	明晰集体产权归属，促进清产核资与资产量化
2016	《关于进一步加强农村集体"三资"管理规范化建设的意见》	推动农村集体资产管理的制度化、规范化、信息化
2016	《关于印发〈山西省国家资源型经济转型综合配套改革试验实施方案（2016—2020年）〉的通知》	加快建设农村产权流转交易市场体系，引导农村土地经营权有序流转
2017	《关于完善支持政策促进农民持续增收的实施意见》	探索PPP、以奖代补等方式，引导新型农业经营主体
2018	《关于推进县域创新驱动发展的实施意见》	持续深化农村集体产权制度改革，探索集体领办土地股份合作社

续表

年份	政策文件	主要相关内容
2021	《关于印发〈山西省"十四五"农业现代化三大省级战略、十大产业集群培育及巩固拓展脱贫成果规划〉的通知》	发展壮大脱贫村集体经济，增强村党组织凝聚力，发展适度规模经营，规范化农村集体"三资"管理，建设农村集体经济组织带头人培育工程
2021	《关于印发〈山西省"十四五"高品质生活建设规划〉的通知》	采取多种方式依法盘活村集体闲置资产

阳泉市委、市政府为发展壮大全市新型农村集体经济、进一步巩固夯实党在农村的执政根基，相继出台《关于发展壮大新型农村集体经济　促进农民农村共同富裕的若干措施》"1+4"系列文件、《发展壮大新型农村集体经济三年行动计划》、《发展壮大农村集体经济规划》与《关于发展壮大农村集体经济的奖励办法》，强调依托资源、因地制宜、多措并举、创新理念，拓展农民增收渠道；优化政策措施、鼓励规模经营、加大财税支持、落实用地保障、强化人才支撑，构建农村集体经济发展新支撑；加强组织领导、建强基层组织、严格监督管理、强化考核激励，健全农村集体经济发展新机制。明确了全市农村集体经济发展目标，为全市集体经济壮大提质明确了"任务书""时间表""路线图"。

（四）平定县出台的关于农村集体经济发展的相关政策

平定县委、县政府联合出台《关于印发〈平定县坚持和加强农村基层党组织领导发展壮大村级集体经济的实施方案〉的通知》（以下简称《通知》），按照省委组织部村级集体经济壮大提质和农村"带头人"队伍优化提升"两个行动"有关部署，选择25个村级集体经济发展项目村，以组织引领、因村施策、多方帮扶、严格管理、改革创新、市场引导、培育品牌为基本原则，逐步培育村级集体经济组织，建立村级集体经济机制，增强集体经济实力。《通知》在推动体制机制创新、完善内部管理制度、完善集体财务管理制度、强化政策综合支持效力等方面完善了村级集体经济发展项目的配套政策。加强体制机制创新，将集体经济发展项目的扶持与农村集体产权制度的改革相联系，加快建立村集体经济法人治理机制，推动集体产权制度归属清晰、权能完整；完善集体财务管理制度、激励约束机制等村集体内部管理制度，强化社会监督；健全村集体经济收益分配机制，建立针对村干部的激励制度，吸引各类人才；强化政策综合支持效力，适度发展规模经营，统筹安排现代农业生产发展资金，提高村集体经济组织公共服务质量和能力，为集体经济发展营造良好的环境。

另外，《平定县发展壮大新型农村集体经济三年行动计划》明确了三年内平定县发展新型农村集体经济的阶段性目标任务，提出在依托区位条件、资源禀赋和现状基础的前提下坚持党建引领、"三生"共融、多元发展、产业带动的发展路径，规划了加强基层组织建设、规范农村"三资"管理、落实税费优惠政策、落实发展用地保障、打通人才流动渠道、健全考核激励机制的主要任务，强调了加强组织领导的要求，同时提出制订全县未来三年发展壮大新型农村集体经济任务分解表与推进新型农村集体经济发展考核评分表，为县域内新型农村集体经济的发展与壮大提出了相对完善的行动计划与安排部署，营造了全县上下争先发展新型农村集体经济的良好氛围。

中共平定县委办公室、平定县人民政府办公室出台《关于印发〈平定县发展壮大新型农村集体经济十八条措施（试行）〉的通知》（以下简称《通知》）。《通知》提出以创新完善新型农村集体经济经营管理机制为动力，以增强新型农村集体经济造血功能为主攻方向，通过农村党建推动、特色产业拉动、抱团发展联动、"三资"经营促动、多元政策驱动，激发农村集体经济发展活力，着力推动薄弱村提升、一般村壮大、富裕村做强的发展目标。鼓励各村立足优势盘活资源资产、因地制宜发展绿色经济、依托资源发展红色经济、创新理念发展特色经济等多种农村集体经济发展新路径。严格落实省市文件精神，确立优化政策措施、加大财税支持、落实用地保障的基本扶持标准，创新金融服务，强化党建引领与人才支撑，旨在为全县新型农村集体经济的发展壮大提供良好的经济条件与组织条件。从组织安排方面对加强组织领导进行进一步细化，建强基层组织，提升组织力，强化考核激励，构建正向激励机制的扶持政策，健全农村集体经济发展的内部新机制。

二 现实依据

（一）平定县发展农村集体经济的基础条件

党的十八大以来，平定县村级集体经济稳步发展壮大。各乡镇、各村有自身的不同区位优势，较为充足的农业、工业闲置资源和潜在集体资产，为农村集体经济发展提供了基础条件。

第一，平定县域地形与区位情况多样，道路交通基础设施较为完备，各村可发挥其独特的区位优势与区域发展特色为集体经济发展提供多元化选择。山水资源优势突出的村可因地制宜发展绿色经济，把山水资源优势转化为产业优势、经济优势，进一步带活乡村经济。有文化旅游资源基础的村则可发展文旅经济，准确把握乡村旅游发展的"时"与"势"。各村深入发掘自身优势资源，因地制宜、分类施策。

第二，随着工业化、城镇化的发展和经济结构的转型，县城内很多村存在撂荒地和废弃厂房、仓库等闲置资源，存在较为充足的潜在集体资产，可用于集体经济的规模化经营发展，让资源优势转化为产业优势，并从产业优势转化为发展优势。总的来看，平定县的撂荒地大多为陡山上的零星土地资源，交通条件较差，种植粮食作物用工、运输成本较高，村民耕种意愿不强。党的十八大以来，从中央到地方政府都提出了关于耕地保护的相关要求，强调压实撂荒地整治责任。应整合耕地资源，发展适度规模经营，盘活集体撂荒土地这一潜在优势资源，真正达到藏粮于地、藏粮于技、藏粮于民，变撂荒地为"丰收田"，带动村民劳务增收、全面激活农村产权收益、增加集体经济效益。与此同时，诸如乱流村的"僵尸"企业大宇耐火材料有限公司、西回村的闲置肥料厂此类的集体闲置资产也广泛存在，亟须加大产业项目招商引资力度，盘活村集体闲置办公用房、学校、厂房、仓库等集体资产，进一步增加村集体经济收入。

（二）平定县发展集体经济的需求和紧迫性

平定县区域统筹程度较低。县内各村集体经济发展情况与水平存在差异，集体经济薄弱村在管理方法、发展理念和经济禀赋上都处于相对弱势，而经济基础好的村也广泛存在"有钱难办成事"的问题，区域统筹程度低、难以达到资源共享和优势互补，这成为平定县发展壮大农村集体经济的最大堵点。目前，亟须将先进村的管理方法、发展理念推广到周边村，以强带弱、以大带小、优势互补，拓宽薄弱村、攻坚村集体经济发展的路径，突破制约集体经济发展的瓶颈，实现抱团发展、共同富裕。

规模经营程度较低。以枣岭村为例，枣岭村大多耕地散落在大大小小的山岭上，地块零散碎小，难以实施机械化作业，人工耕作费时误工，"破斩率"高，农业生产成本高、效率低、产出少、效益差，严重制约着农业生产的高效发展和全村集体经济效益的提升。亟须通过土地统一流转或委托村集体统一经营推动高标准农田建设、坡耕地拓展小块变大块、不掉头机械化作业等工程，发挥合作社优势统一购置种子、化肥、农药等成本优势，增加集体经济收益，努力提振集体经济。

特别需要指出的是，目前平定县还存在劳动力外流与"空心村"的情况。村内年轻村民多自发性外流，乡村"空心化"、农村宅基地闲置浪费、耕地抛荒、留守农户"愁播种、愁秋收、愁卖粮"等现实问题凸显。提振村民信心、促进农地提质增效是目前的重要任务。

第二节 平定县农村集体经济发展的总体情况

一 发展现状

平定县位于山西省中部东侧、阳泉市东南部，为晋冀通衢要道，山西省东大门。全县土地总面积1394平方千米，2019年农用地面积83529.34公顷，占全县土地总面积的60.05%；建设用地面积9666.03公顷，占全县土地总面积的6.95%；未利用地面积45898.38公顷，占全县土地总面积的33%。近年来，平定县以"十万清零、百万倍增"为目标，坚持党建引领、建强基层组织、强化政策保障、创新发展模式，村级集体经济稳步发展壮大。

第一，政策体系加速成型。搭建推动农村集体经济发展"1+N"政策体系，制定全县"三年行动规划"，明确"一年集中突破、两年整体推进、三年巩固提升"总要求。先后出台了实施方案、壮大集体经济十八条措施、富民激励计划等系列文件，树立了"干得好挣得多、干得差挣得少"的鲜明导向，健全了集体项目财税、用地、金融、人才保障，通过构建正向激励机制的扶持政策，实现项目全方位、全过程管理。同时对存量合同扎实推进资产"清化收"，目前化解债务1.23亿元，已收回资金2886.11万元，村均达13余万元。

第二，干部素质显著提升。平定县强化村党组织在发展壮大村级集体经济中的政治引领功能，压实县级党委的领导责任、乡镇党委的主体责任和农村党组织的直接责任；选好配强村党支部书记。截至2022年6月，持续选派40余名机关事业单位干部到村担任书记，吸引30余名外出务工能人回村任职，实现一村一名大学生全覆盖。同时常态化开展年度"领头雁"培训，通过邀请专家授课、开展专项行动、开办新时代夜校等方式，累计培训农村干部12000余人次，后进支部由弱变强，集体经济发展壮大后劲十足。

第三，产业融合"接二连三"。统筹全县产业布局，10个乡镇结合自身资源优势各自制定村级集体经济五年发展规划，目前发展模式主要有五种：依托红色资源发展旅游的文旅驱动模式；联合高校的校地合作模式；发展园区经济的物业经营模式；组建联村党委，抱团发展的党建引领模式；盘活闲置资产的要素优化模式。近年来，平定县委、县政府始终把集体经济作为"一号工程"，在全县上下的共同努力下，大多数乡镇村集体可支配收入显著增加。

二 发展措施

平定县统筹全县产业布局，坚持"一村一项目，一乡一特色"，每个村都围绕农村资源、要素配置，制定了五年发展规划。根据各村级集体经济发展基础，可将全县分为农业大镇、工业重镇和旅游名镇三类典型，发展壮大集体经济的举措可总结如下。

（一）农业大镇：拓展农业多种功能

农业大镇类型以岔口乡甘泉井村、柏井镇东山村为代表。它们充分挖掘了农业多种功能。

一是强化党建引领，由村党组织或联村党委统一规划，发展村级集体经济，充分发挥基层党组织在发展村集体经济工作中的核心和引领作用。

二是调动社会资源资本，发展农村混合型经济。采取"合作社+"模式，农村集体经济组织以土地、房产等资源、资产、资金要素为依托，整合农村资源要素，调动社会资源资本。采取股份制、租赁制、合作制、混合制等模式，领办、创办经营服务主体或入股企业、农民合作社等新型经营主体，实现农产品产、购、销统一经营，或打造集观光体验式农业及文旅康养为一体的现代化农业产业示范项目，带动集体经济大发展、大跨越。

三是发展高精特优农业产业。做优特色产品，延长产业链条，推动产品增值、产业增效。冶西镇里三村发展艾草种植及加工"一条龙"产业，巨城镇半沟村推出红薯食品、红薯盆景等深加工产品，从农田、农机、良种、农法、仓储、研发、品牌、营销等八个方面进行全产业链开发；探索绿色高效循环农业，利用鸡粪有机肥作为大棚蔬菜基肥，大力推进"鱼菜共生"等农业新业态项目。

四是壮大人才支撑力量，深化"省校合作进农村"专项行动，与晋中学院、山西大学、江苏省农业科学院等高校科研院所签订合作协议，为村集体在人才培养、技术指导、品种选育方面把脉问诊；鼓励有条件的村集体经济组织聘请职业经理人，引进有实力、懂农村、善经营的团队；实施"能人回归"工程，组建集体经济发展专家服务团，提供咨询服务，推动人才、科技、项目与本地优势资源有效衔接。

五是盘活资源资产。围绕"地"，大力推进撂荒地复垦复耕，通过农户自耕、集体流转、合作社承包等方式盘活撂荒地，土地小块变大块，扩大种植面积，提高机械化作业率，促进农业高效发展；围绕"房"，积极盘活闲置的办公用房、校舍、厂房、仓库等集体资产，投资入股企业、农民合作社、家庭农场等各类经营主体，鼓励农户通过协议将闲置农房委托给村集体经济组织，用于经营发展。

六是加快数字赋能。把现代信息技术引入农业产加销各个环节，支持村集体与电商企业合作，搭建特色农产品、手工艺品、农家小吃等线上宣传、展示、交易平台，带动特色种养业、加工业和包装、仓储、物流等产业发展。例如半沟村，连续四年"双十一"期间在全市举办"'半沟'红薯文化节"，现场介绍红薯育苗、种植、收获、电商收购、运输、包装等情况，现场、互联网参与人数合计超过 10 万人次，打响了"半沟"红薯绿色有机食品品牌。同时，积极联系"山西名邦农业网""三晋特产网"等电商平台进行网上销售，实现了红薯产业的快速发展。

（二）工业重镇：打出"三产"融合"组合拳"

工业重镇以张庄镇、巨城镇东山村为代表。它们矿产资源丰富、有良好的工业基础。瞄准国家产业政策导向，谋划"含新含绿含金"工业新项目，坚持全产业链思维，以"生产、生活、生态"三生融合为目标，推动小镇经济高质量发展。

围绕生产，一是立足优势，借势而为，发展新兴工业。2021 年，平定县提出建设"新能源电池小镇"。张庄镇是平定县经济技术开发区的主战场，把提升软环境、上马新项目、转换新动能作为乡村振兴的主攻方向。大力改善营商环境，成立工业园区项目领导组、工业园区服务中心、工业园区党支部和商会，建立领导干部包保项目制、销号工作法，采取一站式、保姆式服务。围绕新能源电池产业链，谋划新项目，开展产业链招商、以商招商、园区招商。巨城镇响应打造电池小镇战略，招商引资、技术革新两手抓，引进山西祥瑞年产 4 万吨锂电池负极材料项目，盘活闲置资产，同时通过技术革新，实现传统耐火产业高端化。二是坚持全产业链思维，分阶段推进小镇建设。张庄镇积极发展上下游产业，全镇半数以上的周边村主动融入项目建设，纸箱厂、运输队、物流快递、农家庄园等 40 多家小微企业蓬勃兴起，直接带动当地村民 1000 多人实现就业。分阶段推进"新能源电池小镇"建设，现阶段聚焦锂离子电池全产业链，包括上游的正/负极材料、隔膜、电解液和相关辅材，中游的电池装配，下游的锂离子电池回收利用，此为第一阶段；第二阶段推进相关配套产业跟进；第三阶段大力引入电池整装制造商，建成具有相当竞争力的新能源电池产业集群。

围绕生活，发展沿线村的特色农业、商贸、餐饮、住宿等产业。以"食用菌产业联合体"方式开展平菇种植，建设农业蔬菜种植基地；发展奶牛养殖园区；建设含农家乐、垂钓池、水果采摘园的农业产业园等，增加农民收入，提高产业工人生活质量。

围绕生态，叠加女娲补天神话传说、红色文化、明清大院文化、电池产业发展的工业文化、雅丹地貌等张庄特有的文化名片，结合电池小镇区域产业布局，打造全长9.92千米阳胜河新能源主题湿地公园。突出特色、分段打造，通过优化环境、完善公共服务设施，为产业工人提供休闲好去处，形成"引得进、留得下、住得久"的品质生活服务及人居环境，同时带动文旅产业发展。

（三）旅游名镇：挖掘文化内涵，助推多元融合

旅游名镇：以东回镇七亘村、娘子关镇为代表。它们人文历史悠久，红色资源丰富。七亘村把红色文化资源和绿色生态资源结合起来，坚持"红色+绿色"的发展思路；娘子关镇把红色人文景观与促进旅游产业发展结合起来，以实施"旅游+"战略为抓手，推动全域旅游、全域发展。

一是摸实情、搞调研，明确发展方向。书记、镇长亲自挂帅，抽调精兵强将组建工作专班，成立智囊团、导师团、乡贤团、民意团等工作团队，助力集体经济发展；深入一线开展调研，全面了解各村情况，因地制宜制定发展战略。娘子关镇围绕"旅游+"战略，设计涵盖民宿、非遗、情景剧创作、农耕垂钓、观光采摘等多领域的20个子项目；七亘村实施建设七亘红色教育培训基地、七亘大捷主战场"月亮湾"蓄水水面工程、主战场铁索桥、七亘村光影秀、七亘大捷实景剧、建设30套精品民宿小院"六大工程"。

二是项目化管理、清单化推进，确保集体经济落地见效。各村结合本村实际，制订实施方案和发展规划，明确工作任务目标和项目时间节点，挂图作战。清单化梳理各项目进度，全力加快项目建设。

三是健全发展新机制，压紧压实责任链条。健全组织领导机制，"一名班子成员包联""一个项目一个专班""半月一督察、一月一例会"；健全监督管理机制，加强财务管理、审计监督等；健全考核奖励机制，把发展壮大新型农村集体经济成效纳入年度考核和基层党建述职评议的重要内容，与村干部报酬、绩效挂钩，对重视程度高、发展效果好的乡镇，在政策扶持和资金分配上给予适当倾斜。通过正向激励和反向倒逼，引导村党员、群众主动谋出路、促增收。

第二章　党建引领农村集体经济发展的平定经验

第一节　联村党建：冶西镇里三村构建艾草种植加工产业链

一　冶西镇农村集体经济发展的基本情况

冶西镇地处平定县城西南部，距离县城 7.5 千米，与阳泉市郊区以及晋中市的寿阳县、昔阳县相邻贯通。全镇总面积 141.2 平方千米，分南、中、北三川，辖 18 个行政村和 34 个自然村；辖区内基层党组织 25 个，其中农村党支部 18 个，党员 791 名。截至 2022 年 6 月，冶西镇农村集体经济发展已具有规模性，展现出广阔的发展前景。表 2—1 展示了冶西镇正在进行的集体经济项目与其所属的发展类型。

表 2—1　　　　　冶西镇集体经济发展项目

村名	村集体经济发展项目	村集体经济发展类型
东庄村	东庄村蔬菜大棚项目	种植、采摘等农业项目
里三村	艾草种植加工项目；传统革命教育培训基地项目	种植、采摘等农业项目；旅游民宿等服务项目
刘家庄村	阳煤兴裕排矸场占地租赁	租赁土地、厂房等租赁活动
上冶头村	酸枣树种植及加工	种植、采摘等农业项目
尚怡村	平定县晶科光伏发电有限公司荒地租赁	租赁土地、厂房等租赁活动
苏村	工业用水项目	其他

续表

村名	村集体经济发展项目	村集体经济发展类型
下冶头村	羊肚菌人工设施栽培；林下野生羊肚菌保护性生产	种植、采摘等农业项目
赵家庄村	平定县利民灌溉服务中心	其他

资料来源：冶西镇实地调研所得。

冶西镇各村都开展了形式多样的农村集体经济项目，大力发展农村集体经济，为农户创收，带领贫困农户脱贫。里三村是2021年由端岭村、孟家村和赵家村三个行政村合并而成的，距离冶西镇10千米，全村共210户435人，党员45名，村"两委"班子成员7人。地域面积10.5平方千米，其中耕地1400亩，主要经济作物为玉米、谷子。里三村依靠天然的地理位置优势和环境优势，利用闲置土地，发展艾草种植加工"一条龙"产业链，初步形成了"公司＋集体＋农户"的生产经营模式。

二 冶西镇里三村农村集体经济发展模式

里三村具有较好的农业基础、丰富的特色资源，建起了"平西抗日根据地烈士纪念馆""烈士纪念亭""平西抗日英雄纪念碑"等文旅标志性建筑及相关基础设施。不仅如此，在里三村，除了文旅产业外，艾草产业的发展，为里三村集体经济的发展做出了更大的贡献。

（一）艾草与里三村集体经济发展

艾草是一种十分常见的作物，在民间是常用的中草药，分布在我国大部分地区。2017年，阳泉市开始引进人工种植蕲艾，[①] 在三年试验种植的过程中，虽然取得了一定的经济效

---

① 苏建平：《依托"美丽"资源描绘振兴底色》，《阳泉晚报》2021年7月12日第5版。

益，但最大的问题是高昂的运输成本。刚开始种植艾草时，平定县的农户仅作为种植生产方，将种成收获的艾草运输至异地后再进行深加工。这样无形中增加了成本，降低了种植艾草的经济效益。2019年，阳泉誉人艾草制品有限公司在里三村注册成立。艾草产品加工公司的成立，不仅降低了艾草制品生产运输的成本，也使艾草的需求量增长了不少。这样一来，就带动了更多的农户种植艾草，形成了"公司+集体+农户"的生产经营模式。2020年5月，里三村艾草种植面积达1200亩。为了配合艾草种植加工产业链的形成，里三村投资78万元建设200平方米的艾草加工厂房，并且配套购置艾草加工设备3台。目前，里三村艾草种植基地的种植面积不断扩大，带动周边200余农户发展艾草种植，每户每亩年纯收入达3000元，农民整体增收180余万元。

（二）艾草种植产业链助力里三村农村集体经济发展规模化

艾草种植产业链的形成，促进了当地农业产业结构调整，为50多名村民提供了工作岗位。艾草生产车间里，全自动的机器将打磨好的艾绒卷成艾条，而艾条的整理、装箱则是通过人工完成的，这样一来，包装艾条这项工作就给村民提供了额外的工作岗位，真正达到了"只要想干活儿，就能有活儿干"的目标。目前，里三村有80多户村民种植艾草，近30名村民在阳泉誉人艾草制品有限公司上班。"公司+集体+农户"的生产经营模式不仅带动了本村的就业，同时还能为邻近的乡村带来就业机会。[①] 随着艾草种植、生产的产业链形成，在规模不断增大的同时，对人力的需求也不断增大。里三村附近的马家庄村、南头村、大南庄村、小南庄村等村的村民，也参与了里三村的艾草生产链。他们的工作主要是收割艾草，每人每天能挣到80

---

① 赵澄宇、李慧琳：《艾草香飘致富路》，《阳泉日报》2022年8月14日第2版。

元到120元。艾草每年可以收获两到三茬，从种艾、施肥、除草、收割到打包、拉运、锄草，再到加工、包装、销售，每个环节都有村民参与，每个环节也都可以在村民的家门口完成，每年循环往复，帮助村民们脱贫致富。

（三）"公司＋集体＋农户"，结合各主体优势延伸产业链

在"公司＋集体＋农户"的农村新型集体经济发展模式中，最初形成的是由农民自发成立的专业合作社。在此基础之上，新型的合作主体一般由农业企业牵头，在基础的合作社之上升级改造形成。在这种模式中，农户是核心，集体是主体，企业是"龙头"。

如前所述，里三村是2021年由端岭村、孟家村、赵家村三个行政村合并而成的，在合并之前三个村都各自成立了村股份经济合作社，其中里三村孟家股份经济合作社成立于2018年10月30日，组织农户集体种植艾草。里三村的基层党组织在2017年多次前往河南、湖北等地考察学习，计划将艾草规模化种植引入平定县。刚开始组织农户种植时，由于运输和加工成本高，种植艾草的年收入在1200—1300元/亩，农户的种植意愿并不强烈，产量也不高。

2019年，阳泉誉人艾草制品有限公司成立。专业的艾草加工、包装公司的成立，为里三村艾草产业链的形成注入了新的动力，企业在里三村农村集体经济中扮演的"龙头"角色，很好地发挥了其作用。从节约成本的角度看，前期农户对于艾草种植积极性不高的一大原因是收益并没有明显的提升，村民并没有真切地感受到种植艾草给生活带来的变化，究其原因是高昂的运输与加工成本削减了部分收益。前期，里三村种植的艾草几乎都直接运往河南，进行加工后销售，而在阳泉誉人艾草制品有限公司成立后，公司和农户之间签订了保底收购合同，艾草保底收购价格是每吨2000元。公司直接从村民手中统一回收艾草，由公司统一加工制成艾柱、艾条、足疗包、艾枕之类的商品进行销售。同时，从提供工作机会的角度看，在工厂中有加工艾绒、包装艾条等工作的机会，工作一天可以有80元至150元不等的收入。目前在里三村，种植艾草的农户有80多户，其中有20多名村民在阳泉誉人艾草制品有限公司上班，忙时还能够为相邻村的农户提供工作机会，他们每人每天也能挣到80元到120元不等。通过党支部带头，充分调动了农户种植艾草的积极性，农户每亩年纯收入上升至3000元。同时，里三村艾草产业带动邻近的中川四村、新派联村、冶西村、苇池村、刘家庄村、苏村120户建档立卡脱贫户稳定增收。

三 冶西镇里三村党组织引领方式

自抓党建促基层治理能力提升专项行动开展以来，冶西镇党委紧扣乡村振兴战略总要求，积极探索、创新基层组织设置，形成组织联建、治理联合、产业联动的农村基层党组织设置新模式——联村党委。[①] 联村党委本着"各村行政区划不变、集体资产产权不变、在财务上实行独立建账、独立核算、独立管理"的原则，在产业规划上各行政村服从联村党委的统一调度、规划、部署。冶西镇以"红色文化"为引擎，以"绿色生态"为依托，通过组建联村党委，让各村"抱团"发展，激活镇、村两级发展新动能。确定组建联村党委后，各村不同的地域、人口、资源如何划分、怎么联合，成为摆在冶西镇党委面前的一道难题。经过多次入村调研和研究论证后，冶西镇党委按照"区域统筹、资源共享、优势互补、共建共享"的理念，打破原有的北川、中川、南川"三川"地理位置格局，成立了冶西南川联村党委、冶西北川联村党委、冶西镇域联村党委、冶西七岭山联村党委。

---

① 赵澄宇、段佳宇：《冶西镇成立"联村党委"激活发展新动能》，《阳泉日报》2022年6月12日第4版。

四 冶西镇里三村农村集体经济发展经验总结

(一) 党建引领，考察"取经"引进优良农作物

从引进艾草产业化种植到建立工厂公司加工生产相关艾草产品，离不开党组织成员的多次考察。他们结合自身的实际情况，要找到适合当地农户种植的作物，要找到能够充分调动农户积极性的农作物。

如何使农民从有限的土地上获取更多效益是在现有条件下需要解决的问题。2017年春节过后，合并前的孟家村"两委"派专人到河南省南阳市艾芝堂艾制品有限公司考察。随着人们生活水平的不断提高，对身体健康与保健的态度发生了很大的转变，人们越来越重视平日的保健与保养，保健与保养意识越来越高。艾草这种在平定县甚至是整个山西省都遍地而生的植物，变成了人们日常保健项目的必需品——艾灸的原材料，艾灸这一项目则成了都市时尚的保健方式。原材料艾草本就遍布平定县，具有非常好的天然种植优势，再加上艾草的整个种植过程，无论是种植技术还是管理技术都非常简单，每家每户都可以参与进来，是一个"人人都能干，人人都能种"的种植项目。同时，艾草的育苗成本低、繁殖速度快，一年可收割两到三茬，经济效益高，是增收致富的好项目。当年2月，孟家村"两委"结合本村的实际情况，在征求村民的意见后，决定引导村民调整农业产业结构，减少玉米种植面积，推广种植艾草。同时，孟家村以盛和养殖专业合作社为依托，同艾芝堂艾制品有限公司签订了合作合同。①

2019年，在"誉人艾业"注册成立后，考察组又先后到南阳市卧龙区七里园乡冯楼村南阳艾芝堂艾制品有限公司、社旗

---

① 《艾草 隐于深山的"富民草"》，阳泉新闻网，http://yqnews.com.cn/kxc/201801/t20180112_602706.html。

县桥头镇艾草产业园、桐柏县安棚镇艾草种植基地、淮源镇国生艾产品加工厂等地考察艾草规范化生产、系列产品加工及市场销售等情况。正是通过基层党组织的多次考察、思考，才能有效解决发展过程中出现的问题，提出正确经营方向，调动农户积极性，提升集体经济发展速度，保障集体经济规模不断壮大。

（二）党建引领，荒地开发种植，创新合作方式

里三村艾草种植是以开垦村内的荒地为主要形式。在平定县的农村集体经济发展过程中，善于利用闲置的荒地，开垦荒地是一项重要的举措。一方面，引入新作物种植，并没有影响传统种植作物的产量与产值，在保障农户基本收入的基础上，能够更加利于农户接受新型作物的种植；另一方面，在基层党组织的带领下，"党员干部带头干"始终是里三村农村集体经济发展的核心思想。在看到了种植艾草带来的每亩收入的提升后，农户的积极性提高，为下一步扩大生产、建立完善的艾草产业链打下了基础。

（三）党建引领，村庄联合实现乡村振兴

2017年山西第一个"联村党委"在阳泉郊区诞生。冶西镇根据自身的实际成立了4个联村党委，各自确立不同的经济发展目标，承担不同的集体经济项目，有针对性地展开基层工作，提升农户收益水平。冶西镇域联村党委主打文旅水镇项目，规划民俗文化园、苍术育苗基地，建设生态景观样板区、综合商业服务区、植物科普园和农村"夜经济"步行街；冶西南川联村党委主要打造有机设施观光田园综合体项目，成立集体经济联合公司，建设羊肚菌种植基地、高标准大棚，成立汽车运输公司，研制不粘锅等拓宽增收渠道；冶西北川联村党委着重发展生态文旅项目，挖掘传统文化，打造生态民宿精品游线路，修复植被及茹林含春观景平台，重现绿色景观；冶西七岭山联村党委持续壮大农业产业项目，通过阳泉誉人艾业制品有限公

司辐射带动周边、盘活土地资源，借助平西抗日根据地纪念馆等打造红色教育线路，签订黄桃种植协议，打造农旅融合新模式。

在推进各村组织联建的同时，冶西镇还强化了各联村党委学习实训机制。冶西镇党委要求4个联村党委在各自中心村成立联村党校，定期组织党员学习党的理论和政策、联村委员会成员学习法律法规和市场经济知识。同时，冶西镇党委班子成员还定期深入联村党校开展业务培训，把党的理论政策通过联村党校传达到基层党员。为了打破发展党员的组织界限，成立青年人才党支部，发展青年人才入党，并将联村党组织作为实践锻炼平台。以联村党委为纽带，根据基础设施建设、引进产业项目、发展乡村旅游等实际工作需要，吸引和集聚各类青年人才、商业人士等回乡创业、反哺农村，为乡村注入活力。

第二节 基层党建：巨城镇半沟村红薯产业链与"一村一品示范村"

一 巨城镇农村集体经济发展的基本情况

巨城镇地处平定县东北部，东与娘子关镇相邻，南毗石门口乡，西与郊区杨家庄乡为邻，北与岔口乡相连，镇人民政府距县城约25千米。截至2020年6月末，巨城镇下辖23个行政村、1个社区，总人口25203人，面积158.3平方千米，东西跨度25千米，拥有耕地4.6万余亩，土壤富硒，黏土资源丰富。全镇立足资源优势，因地制宜、因村实施，形成以特色种植、养殖、新型工业、红色文旅等业态为引领的"一、二、三产业"融合发展总体思路。表2—2展示了巨城镇正在进行的集体经济项目与其所属的发展类型。

表 2—2　　　　　　　巨城镇集体经济发展项目

村名	村集体经济发展项目	村集体经济发展类型
岩会村	综合文化旅游项目一期（水上乐园）	旅游民宿等服务项目
柴家庄村	柴家庄村粗杂粮加工坊； 长兴养殖场	种植、采摘等农业项目； 养殖业等畜牧产业项目
西小麻村	场地租赁	租赁土地、厂房等租赁活动
南庄村	地道示范性改造工程	其他
半沟村	"半沟"红薯产业	种植、采摘等农业项目
神子山村	三峡新能源平定县发电公司	其他
会里村	阳泉市康缘香业制造厂	加工等制造业项目
连庄村	平定县薯香连农业科技有限公司	种植、采摘等农业项目； 加工等制造业项目
东小麻村	东小麻村基础设施建设美丽乡村	其他
圪套村	圪套村股份经济合作社冬暖蔬菜大棚	种植、采摘等农业项目
巨城村	平定县巨城镇巨城村股份经济合作社	其他
移穰村	场地租赁	租赁土地、厂房等租赁活动
柳树峪村	阳泉盈万机械制造有限公司	加工等制造业项目
河东村	种猪繁育	养殖业等畜牧产业项目
北庄头村	蔬菜大棚建设	种植、采摘等农业项目
水峪村	地道示范性改造工程	其他
南山沟村	场地租赁	租赁土地、厂房等租赁活动

资料来源：巨城镇实地调研所得。

2021年以来，巨城镇坚持党建引领，持续巩固脱贫攻坚成果同乡村振兴有效衔接，打出了村集体经济发展"三产"融合"组合拳"。全镇5个行政村实现了集体经济"破零"、16个行政村达到"十万级"，2个行政村达到"百万级"，村级集体经济正驶入快车道、跑出加速度、走向高质量。

二　巨城镇半沟村农村集体经济发展模式

巨城镇半沟村就是依托地理区位优势发展集体经济的典型

之一。半沟村位于平定县东北部，距县城22千米，总面积9平方千米，全村耕地面积1480亩，种植红薯1100余亩。全村共有212户468人，其中建档立卡户12户23人，目前已全部脱贫。村"两委"班子健全，有党员28人。近年来，半沟村基层党组织始终坚持以习近平新时代中国特色社会主义思想为指引，不忘初心、牢记使命，紧紧围绕省、市、县各项决策部署，不断健全完善半沟基层治理各项制度，不断巩固脱贫攻坚成果，强化软硬件基础设施建设，努力打造"富裕、美丽、文明、和谐、生态"新半沟，为乡村振兴奠定坚实基础。

（一）"一村一品"，"半沟"红薯品牌的成名之路

半沟村集体经济的发展，和带头人有着密切关系。另外，半沟村在巨城镇政府的支持下，成立了平定县丰兴红薯种植专业合作社，吸纳20多户红薯种植大户为社员。种植项目、种植品种的选定统一由合作社牵头商议决定。这样的"统一行动"彻底改变了过去农户那种"各唱各调"的种植模式，提升了种植效率，进而也提升了农户的经济效益。2012年，"半沟"红薯注册了"半沟"商标，成功申报了全省"一村一品"项目。当年，全村1480亩耕地有1000多亩种了红薯，年产量达150万千克。

打响"半沟"红薯品牌，增加了红薯价值，提升了农户收益。2005年每千克1.4元，2010年每千克1.6元，2015年每千克2.2元，再到近一两年的每千克3元、4元，一个个数字变化的背后是"半沟"红薯品牌带来的效益。[①] 依托"半沟"红薯这个金字招牌，2016年，巨城镇以半沟村为中心，组织周边神子山村、岩会村等6个村联合抱团种植红薯。"半沟"红薯这个金字招牌已经打响，推广品牌、提升品牌的知名度是下一步的

[①] 张泉东、赵慧敏：《红薯产业的"三级跳"——来自平定县巨城镇半沟村的蹲点报告》，《阳泉日报》2019年9月8日第1版。

重要任务。为了进一步宣传和推广"半沟"红薯，扩大品牌知名度和竞争力，巨城镇组织举办了"2016年第一届'半沟'红薯文化节"。活动中，千余名市民齐聚北山公园品尝免费的烤红薯。此后几年，半沟村又连续举办了两届红薯文化节。红薯文化节很好地向大众宣传了"半沟"红薯，延续了"半沟"红薯的品牌效应，巩固了"半沟"红薯在大众心中的印象。

（二）从单一收入到多样化的增收方式

"半沟"红薯的成名，为村民带来了可观的经济收入，但要保持持续向好的发展态势，就必须不断地思考和投入实践，才能保持农村集体经济不断增长的势头。"乡村产业发展好比逆水行舟，不进则退。"基层党组织具有积极发展的意识，认为在这样的关键时刻，不应该松懈掉链子，而是应该在势头向好的情况下，为"半沟"红薯再添一把火，也为集体经济收入再添一把柴。鼓励农户致富路上不停歇，时刻拥有前进的动力，不能松懈，也不能满足于现状，小富即安。延伸"半沟"红薯产业链就变成了半沟村下一步发展的目标。

首先，红薯相关的加工项目是村里最先引进的项目。先引进电烤箱和红薯恒温保鲜深加工项目，然后利用村里闲置土地盖育苗棚和深加工车间。投入这两个项目的好处是，不仅延伸了产业链、丰富了产品种类，同时也更加高效地利用了时间。春天的主要农活就是在育苗棚育苗，方便村民使用。同时，育苗也能够对外售卖。秋末，红薯成熟，刨红薯，大量上市，如果有红薯滞销或卖不掉的情况，就可以放在恒温库里保鲜，延长红薯产品的生命周期，延长"半沟"红薯的售卖时间周期。随着环保要求越来越严格，传统的炭火烧烤显然已经不符合要求，引进电烤箱才能让烤红薯产业继续发展。深加工车间可以消化部分品相不好但品质优良的红薯，同时能带动村里妇女劳动力就业。2017年，半沟村先行购回电烤箱，随后又联合周边6个村共同修建育苗棚、深加工车间、恒温库等。2019年，包含红薯苗育苗大棚、红薯种植基地、红薯恒温仓库、电烤箱烤红薯等项目的"半沟"红薯综合加工厂已经建成，占地10亩。2019年春天，半沟村启动了育苗棚，统一育苗、统一供苗。半沟村综合加工厂的育苗棚一次可以培育20万余株幼苗，三天一个周期，且幼苗成活率能达到98%，完全可以满足村民的种植需求。"半沟"红薯综合加工厂的成立，促成了"半沟"红薯产业的第二次跳跃，让单一的红薯种植变成了种类丰富的红薯产业，延长了红薯种植产业链。

随着2021年"半沟"红薯被列入山西省首批有机旱作封闭示范片区，半沟村开始发展电子商务的相关产品项目。2018年底，半沟村和市邮政公司合作，把"半沟"红薯推到了EMS极速鲜平台上。除了销往山西省的太原、大同等市，还远销北京、上海、黑龙江、安徽等省市。村里的几名年轻人在淘宝网注册店铺，让红薯"触网"销售。[①] 半沟村的目标是通过网络销售渠道，实现红薯产业的"第三次跳跃"。

（三）新型营销和推广模式助力"半沟"红薯名扬四海

为更好地推介"半沟"红薯品牌，宣传"半沟"红薯的营养价值，倡导健康的饮食文化，从2016年起，"半沟"红薯开启了"文化+"营销模式，连续几年在"双十一"举办"半沟"红薯文化节。通过歌曲、舞蹈、说唱等形式广泛宣传"半沟"红薯，组织营养学专家现身说法，介绍红薯的营养价值和食用方法，并通过互联网现场直播，从卖"红薯品牌"到传播"红薯文化"，"半沟"红薯声名远播。

发展红薯产业，不光是依托红薯的食用功能，在红薯身上还有其他的功能能够为红薯产业注入新的活力。一般来讲，品相好的红薯都会直接售卖或是经过加工变成其他形式的产品，

---

① 赵慧敏、苏建平：《"直播间"开进半沟 红薯成"网红"产品》，《阳泉日报》2020年11月25日第5版。

品相不好的红薯一般就由农户自己消化。"红薯盆景"是一种具有观赏性的植物，现在在半沟村也有不错的销量。如今在半沟村，像这样的"新玩意"越来越多。"半沟"红薯的产业链不断延伸，知名度越来越大。为此，阳泉市专门制订了红薯产业带行动方案，明确提出在平定县巨城镇周边打造商品薯基地3万亩，积极引进5个新优红薯品种进行改良，并成功申报了无公害农产品和国家地理标志产品，在半沟村周边7个村培育种植，扩大种植规模，实现了从"一个半沟村"到"七个半沟村"的扩容。半沟村不仅成为山西省级有机旱作物农业示范片，而且被农业农村部授予全国"一村一品示范村"。带领村民做出这些成绩的陈培银认为，"'十四五'时期是巩固拓展脱贫攻坚成果的关键期，也是推动乡村全面振兴的关键期。深入贯彻落实省第十二次党代会精神，持续把产业发展作为乡村振兴的核心和关键，找准优势、抓住特色，加快推动农村一、二、三产业融合发展，丰富乡村经济业态，拓展增收空间，半沟人的日子一定会越过越红火"①。

三 巨城镇半沟村党组织引领方式

（一）紧跟政策指导意见，制订符合各村镇情况的发展计划

阳泉市2022年出台的关于农业的首个文件《关于做好2022年全面推进乡村振兴重点工作的实施意见》中明确提出："打造富硒特色产业。充分发挥阳泉市土壤富硒优势，围绕杂粮、薯类、蔬菜、干鲜果、禽蛋等特色农产品，在平定县冠山镇、巨城镇、锁簧镇、娘子关镇，盂县梁家寨乡、孙家庄镇，郊区西南舁乡等重点区域，建设集生态富硒农产品开发和休闲农业、

---

① 苏建平、赵澄宇：《当好群众"主心骨" 带着村民富起来——记"山西省优秀党务工作者"陈培银》，《阳泉日报》2021年8月24日第1版。

乡村旅游于一体的富硒农业产业发展集聚区."巨城镇的基层党组织,在充分学习相关政策的基础上,结合相关政策,大力发展富硒农产品,结合自身农业种植情形,结合富硒农产品的相关特点,延长现有产业链为农民增收致富。

(二) 发展"领帮带"扶贫模式,促成各村抱团发展的良好状态

1. 红薯种植产业

"半沟"红薯品牌为半沟村带来了增收,也为周边村庄带来了经济效益,再加上市委农村工作会议提出的"要大力发展富硒产业",巨城镇积极落实会议精神,确定了壮大富硒产业的发展思路。半沟村和神子山村、移穰村、龙庄村、岩会村等几个发展红薯种植的村更坚定了连片发展、抱团壮大的发展方向。移穰村重点发展农机合作社,提供红薯种植托管服务,连庄村着力打造红薯干制品精深加工项目,半沟村和主要种植红薯的几个村打造红薯连片种植基地。这样一来,就使全镇的富硒红薯产业发展有了更大空间。

2. 红色旅游产业

移穰村、岩会村、上盘石村、下盘石村等是桃河沿岸的传统村落,距娘子关景区不远。连片壮大乡村旅游产业,努力成为娘子关景区的辐射带动片区,是各村抱团发展之初就已达成的共识。沿河的几个村合力打造漂流项目,不仅能给游客提供游玩的景点,还能带动沿线改善人居环境。这样一来,巨城镇的生态资源、历史文化资源优势就能得到进一步的发展。

(三) 人才党建,当好群众"主心骨"带着村民富起来

基层是党的执政之基、力量之源。只有基层党组织坚强有力,党员发挥应有作用,党的根基才能牢固,党才能有战斗力。巨城镇在发展农村集体经济的过程中,通过人才党建的方式充分发挥"带头人"的核心作用,成为农村基层党组织激发农村发展活力的关键。半沟村的党支部书记、村委会主任于 2011 年回村，担任现职。在党建与经济互促方面，他按照"围绕经济抓党建，抓好党建促发展，抓好发展惠民生"的工作思路，坚持在党建与经济互促带动上做文章，千方百计把红薯产业打造成开启半沟人致富大门的"金钥匙"，实现"建一个组织、兴一项产业、活一地经济、富一方百姓"[①]。在党组织建设方面，他上任之初，就把建好党组织、加强党员作风建设，作为首要任务来抓。他要求党员干部严格执行党内组织生活制度，定期召开支部委员会、党员大会，倾听意见、征求建议、查找问题、制定措施，切实转变工作作风、激发党建活力。他坚持把纪律和规矩挺在前面，严格落实中央八项规定精神，严格落实"一岗双责"，巩固践行"群众路线""三严三实"，让党旗在半沟村高高飘扬。

四 巨城镇半沟村农村集体经济发展经验总结

（一）党建引领，利用优势资源，建立"硒+X"全产业链发展格局

"硒"土如金。山西省地质调查院组织调查员在全市范围内的450个采样点进行土壤硒含量检测，检测结果显示：阳泉市可利用的富硒耕地约63.85万亩。这一结论使得当时参与调研监测的专家都十分震惊，认为这是一个值得大力发展的宝贵的自然资源。山西九州香农业开发股份有限公司以富硒谷子（杂粮）一体化生产经营为方向，依托巨城镇南庄村富硒土壤优势，研发出富硒小米、富硒黄酒、高硒醋、小米白酒、小米锅巴等富硒农产品，率先在阳泉市打出了富硒农业品牌。山西晋婆婆农业开发有限公司生产的黑色系列富硒农产品、山西福旺轩农业科技有限公司加工的富硒油料系列产品、山西冠霖农

---

① 苏建平、赵澄宇：《红薯熟了 日子"甜"了》，《阳泉晚报》2021年10月26日第5版。

业科技有限公司生产的富硒药茶……这些本土的富硒农产品，不断地走向更广阔的市场，被越来越多的消费者熟知。

依托具有先天优势的自然资源，阳泉市明确了"1 + 10 + 100"富硒农业产业发展目标，布局出一条以富硒功能农业促进大健康产业发展和乡村振兴的特色之路。① 在"1 + 10 + 100"富硒农业产业发展目标中，"1"就是市政府和山西农业大学共建阳泉市富硒产业研究院；"10"就是在平定县锁簧镇、巨城镇、岔口乡，盂县仙人乡、孙家庄镇，郊区西南舁乡等地建设十大富硒农业产业试验示范基地，形成富硒杂粮、富硒水果、富硒油料、富硒薯类、富硒蔬菜、富硒药茶（连翘茶）、富硒禽蛋、富硒猪肉、富硒醋、富硒酒等十大类别富硒产品全产业链体系；"100"就是培育100个以上的富硒农业产业经营主体，通过龙头企业和试验示范基地的带动，打造硒食品精深加工产业集群，构建"硒 + X"全产业链发展格局。

（二）党建引领，基层党组织当好群众"主心骨"

让家家户户都种植的红薯变成红薯产品产业链，打响"半沟"红薯品牌的名声，与相邻村抱团发展，巩固推进脱贫攻坚成果……取得的这一切成绩，都离不开基层党组织的努力。半沟村的耕地大多是沟坡地、红沙质土壤，这种土质疏松肥沃、吸水快、排水性好，适合种植红薯，且种出的红薯香甜可口。长期以来，半沟村家家户户种植红薯。2012年，书记陈培银牵头成立了平定县丰兴红薯种植专业合作社，吸纳20多户红薯种植大户为社员，采取"支部 + 合作社 + 农户"的模式，把农民组织起来抱团闯市场，走科学化、规模化、集约化种植之路。合作社坚持统一种植规划、统一红薯品种、统一土壤测试、统

---

① 任继萍、郭鑫璐、徐雪峰：《富硒田野孕育希望——我市挖掘优势倾力打造富硒农业产业的报道》，《阳泉日报》2022年6月17日第1版。

一技术培训、统一种植标准，使村民在发展红薯产业中有了主心骨，提高了抗风险能力。后期，在红薯种植初步规模化后，基层党组织认真领会省级、市级的政策文件，积极调动农户的积极性，不断拓宽发展红薯产业链，壮大富硒农产品的队伍，保证了半沟村集体经济的不断发展。

第三节　人才党建：东回镇七亘村"红""绿"资源打造红色旅游

一　东回镇农村集体经济发展的基本情况

东回镇位于平定县东部山区，距县城35千米，辖22个行政村，户籍人口28379人，常住人口10377人，总面积239平方千米，耕地4742.6公顷，是一个典型的纯农业乡镇。

东回镇红色资源星罗棋布。七亘大捷名扬中外，平东抗日根据地、马山军事会议旧址、秦赖支队抗战纪念馆、瓦岭区公所、前小川惨案遗迹红色遗址等，每年都吸引了众多游客前来缅怀学习、参观游览。

东回镇农业基础扎实。表2—3展示了东回镇正在进行的集体经济项目与其所属的发展类型。

表2—3　　　　　　东回镇集体经济发展项目

村名	村集体经济发展项目	村集体经济发展类型
东回村	新建冷库项目	其他
西回村	农业生产托管建设项目	其他
瓦岭村	瓦岭村农耕服务中心建设项目	旅游、民宿等服务业项目
新庄村	艾草加工项目	种植、采摘等农业项目

续表

村名	村集体经济发展项目	村集体经济发展类型
前石窑村	连翘种植项目	种植、采摘等农业项目
后石窑村	高钙小米项目	种植、采摘等农业项目
孟家掌村	孟家掌村优质小杂粮加工基地建设项目	种植、采摘等农业项目
西峪掌村	西峪掌村"玉露香梨"基地提质增效项目	种植、采摘等农业项目
木槽村	木槽村场地项目	租赁土地、厂房等租赁活动
马山村	马山村土地开发项目	租赁土地、厂房等租赁活动
小川村	小川村粗、精饲料加工建设项目	加工等制造业项目
西良峪村	西良峪村中药材种植项目	种植、采摘等农业项目
营庄村	营庄村"肉牛养殖"基地提质增效项目	养殖业等畜牧业项目
洪水村	洪水连翘烘干项目	加工等制造业项目
七亘村	七亘红色领航项目； 七亘采摘园优育优种项目	旅游、民宿等服务业项目； 种植、采摘等农业项目
潦泉村	千亩野生连翘人工驯化种植技术产业化示范基地建设项目	种植、采摘等农业项目
东岔村	东岔村经济合作社养殖项目	养殖业等畜牧业项目
前黄安村	前黄安集体经济合作社矿物质水厂建设项目	其他
里黄安村	里黄安村农业服务建设项目	其他
南峪村	南峪村肉牛养殖项目	养殖业等畜牧业项目
青杨树村	太阳能电站巩固发展项目； 巩固羊场、猪场项目	其他； 养殖业等畜牧业项目
娘娘庙村	娘娘庙村发展乡村旅游项目	旅游、民宿等服务业项目

资料来源：东回镇实地调研所得。

二 东回镇七亘村农村集体经济发展模式

七亘村地处晋东边缘，位于平定县东部山区，距平定县城50千米。现有815户1730人，党员60人，耕地2813亩，先后被评为全省先进基层党组织、省国防教育基地、省级爱国主义教育基地、省党史教育基地，2021年村集体经济收入达60万元。

用好"红""绿"资源是七亘村发展农村集体经济的主题。

七亘大捷、平东抗日根据地等都是东回镇的"红色资源"。利用这些"红色资源",七亘村的旅游业发展迅速。2017年6月,七亘村获得"山西省党史教育基地"称号。同年12月,七亘村又获得"山西省国防教育基地"的荣誉。到2020年底,七亘村共接待游客12万余人次,开设培训班120余个。得天独厚的自然资源也十分适合发展集采摘、观光于一体的绿色高效农业。七亘村通过流转土地,打造了370亩的蔬果采摘园,同时还与企业合作,投资建设了连翘采摘园,助推形成了红色旅游与特色农业相结合的发展模式。

在红色产业发展方面,七亘村首先完成的是对基础设施、革命历史遗迹的建设、恢复和修缮。针对七亘村交通不便、天然缺水、景点数目少的问题,2014年,七亘村制订了2个"五年计划"。2014年至2018年,"完善基础设施建设,为产业发展奠定良好基础";2019年至2023年,"打造全产业链",让村集体经济翻番。七亘村依托七亘大捷旅游开发有限公司和平定县广利源种植专业合作社,完成烈士公园墓园及高层台阶绿化等配套工程;完成纪念馆展厅及装修、灯光、布展工程;劈山填沟新建起占地5000平方米的停车场;修建了景区标准化水冲厕所;打通了七亘伏击战半山腰1700米红色走廊;修缮了771团、772团团部旧址即平东抗日政府旧址、陈赓住宅旧址;建起东回镇党性教育基地,将七亘村转变成为"红色旅游村"。[1]

红色旅游为七亘村提升集体经济收入注入源头动力。东回镇七亘村具备红色教育旅游和太行风光旅游的双重基因,资源得天独厚,宣传亮点众多,可打造建设的景点也非常多。截至2021年底,年接待游客近10万人次,年旅游收入60余万元。文旅产业是七亘村提升经济收入的来源。为了大力发展七亘村

---

[1] 张泉东:《七亘村:激活红色基因 赋能乡村振兴》,《阳泉日报》2021年4月9日第1版。

的旅游产业，七亘村大力完善了基础设施建设，恢复和修缮了革命历史遗迹，投资1200万元新建烈士纪念园、七亘大捷主战场遗址、党性教育基地、山西省最大的景观党旗、5000平方米停车场。怎样将旅游产业存续并且无限发展是一个重要的问题，同时规模不大、不足以承载越来越大的游客数量等问题慢慢凸显。党性教育基地无法承担规模性会议和培训，红色旅游资源和景点局限性日益明显，乡村旅游无法留住游客等问题也日益凸显。加强基础设施建设，进一步修葺维护现有的红色旅游文化资源，招商引资，建立相关的创新项目，完成相关产业建设。只有发展有七亘特色的产业，通过产业来带动，才能突破瓶颈，与乡村振兴接轨。因此，在七亘村2022年新发布的三年规划方案中，可以看到更多新项目的规划，为健全建设七亘村红色旅游文化产业，七亘村将与更多市场主体合作，加速开展相关项目。表2—4中列出了七亘村2022年、2023年开展的项目以及2024年计划开展的相关集体经济项目。

表2—4 　　　　七亘村2022—2024年农村集体经济项目

2022年	1. 七亘现代农业产业园项目； 2. 陈赓住址修缮及布展； 3. 农业观光采摘园进行围网和安装防雹网； 4. 建设红色景观大道； 5. 七亘红色教育培训基地； 6. 打造七亘大捷主战场"月亮湾"蓄水水面工程
2023年	1. 打造主战场铁索桥； 2. 打造七亘村光影秀工程； 3. 七亘古村落保护和发展
2024年	1. 打造七亘大捷实景剧； 2. 打造30套精品民宿小院

资料来源：东回镇七亘村村民委员会。

山西春味农业科技有限公司于2020年9月成立，注册地址是山西省阳泉市平定县东回镇七亘村。春味农业正是看准了七亘村丰富的旅游资源，经过评估后认为七亘村的游客数量对产业园的建设具有促进作用。春味现代农业产业园开园后一个月，农家乐接待游客 2000 多人，窑洞民宿接待游客 200 多人，农产品销售额近 7 万元。东回镇野生中草药资源丰富是吸引春味现代农业产业园落地的又一因素。山上生长着连翘、柴胡、黄芩、山楂等 20 多种野生中药材，其中野生连翘资源最为丰富。为此，春味现代农业产业园打造了连翘茶加工车间，引进了一条先进的连翘茶生产线，计划打造连翘茶品牌。春味现代农业产业园帮助七亘村提高农产品的加工水平，调整农业产业结构，增强七亘村乃至全镇的现代农业竞争力。依托天然的绿色资源，除了产业园、产业链的建设，2016 年，七亘村抢抓太行山荒山绿化工程的机遇，积极组织村民植树造林，栽植松树和柏树 25 万余株，昔日的荒山披上了"绿装"，村民人均增收 1 万余元。村里还成立了广利源种植专业合作社，建起了占地约 310 亩的"七亘村南山百亩采摘园"，种植了樱桃树、桃树、苹果树等果树，带动 67 户村民增收。

三　东回镇七亘村党组织引领方式

近年来，七亘村依托丰富的红色资源，突出党建引领，大力发展红色旅游和绿色种植产业，走出了一条"红色 + 绿色"的乡村振兴之路，成为阳泉市乃至山西省有名的红色旅游景点。七亘村能够取得今天的成就，基层党组织发挥了不可替代的引领作用。

传承红色基因，增强党组织凝聚力。2014 年以前的七亘村是平定县的重点难点村，众多问题中最突出的就是村干部时常换。村干部更换频率过快，基层党组织不稳定，甚至还出现过抓阄选支书和"一日支书"的现象。2014 年，阳泉市委、市政府鼓励在外的能人、企业家回家乡贡献力量。现村党支部书记响应号召，回村参加换届选举，担任了村党支部书记。他还把在外承包工程的一位村民请了回来，牵头组建了村"两委"班子，开始谋划七亘村的发展。他上任的第一件事，就是传承红色基因，抓好党建工作。充分学习党的指导思想，充分发挥基层党组织的政治引领、促进发展、服务人民、凝聚人民的作用。七亘村党支部认真落实党支部议事规则和决策程序，按照"新村治制度"工作程序，严格落实所有重大事项。按照党要管党、从严治党的要求，严格执行党员管理制度、"三会一课"学习制度、党员联户责任制等制度，不断提高党员素质和为人民服务的能力。

七亘村党支部还坚持开门式建设，通过召开群众大会、征求意见会、党员公开承诺会、民主议事会、经验交流会等形式，将党员和群众的参与热情调动起来，实现党群互动、干群互动。"两委"干部承诺、党员承诺、村民代表承诺都被贴在七亘村中心地段的墙壁上，来来往往时刻都可以看到。这些承诺约束着每一个党员干部，时时刻刻提醒大家遵守纪律，严格履行承诺，按照规章制度处理村内的大小事务，并且时刻谨记要能够接受群众的任何考验。只有党组织的公信力和凝聚力不断增强，才能使得全村村民的凝聚力增强，让大家的心汇聚在一起，形成强大的力量，促进农村集体经济发展，改善农村的人居环境，切实提升老百姓的生活水平。目前，七亘村已有村民会议决策流程、村民代表会议决策流程、村支"两委"联席会议决策流程、日常工作流程、人事提名推荐选用流程、党支部日常工作流程、矛盾纠纷化解流程、农村低保特困人员救助流程、应急工作流程等9方面的流程。为了让发展成果更多更公平地惠及全村百姓，在董新河的提议下，七亘村成立了乡贤参事会，村民知情权、表达权、参与权、监督权得以落实，将民主贯彻到了基层。七亘村党支部利用春节、元宵节、清明节等重要时间节点，以开展贴心行动大走访为契机，通过召开返乡人员座谈会、干部走访、开展村级治理新体系"问答竞猜"、发放资料、组织文艺表演等方式宣传试点政策，提高群众对试点工作、各项制度的知晓度、支持度和参与度。如今，越来越多的七亘人积极参与村里的大小事务、自觉维护村里的形象，全村营造出遵纪守法、文明和谐、诚信友善的浓厚氛围，力求实现和谐稳定发展。

四　东回镇七亘村农村集体经济发展经验总结

(一) 党建引领，充分利用红绿资源，提升村民参与感

红色旅游文化资源与绿色生态资源都是七亘村的优势。在这两种资源的基础上，如何利用好资源，将资源的价值最大化，让自然不再是闲置的资产，结合农村集体经济发展，切实让老百姓感受到生活条件的变化是七亘村想要解决的问题，也是七亘村的基层党组织一直在努力完成的目标。红色旅游在七亘村的成绩是有目共睹的，截至2021年底，七亘村年接待游客近10万人次，年旅游收入60余万元。在取得一定成绩时，七亘村并没有满足。经过多方考察和村"两委"研究，制定了七亘的三年规划，在"太行一号"旅游公路全面通车的基础上，继续坚持"红色+绿色"总体思路，充分招商引资，将红色旅游资源转化为富民产业，最终实现乡村振兴。基层党组织带头，带领村民拼搏奋斗，"红色村"传承"红色基因"，培育文明乡风，提振村民精气神，用更加饱满的精神努力发展集体经济。

七亘村作为市规范村级权力运行建立治理新体系的试点村，制定并完善村民自治章程和村规民约，培育文明乡风、淳朴民风、良好家风。村里还将权力清单、流程清单、"一约四会"、宣传漫画全部上墙，打造了社会主义核心价值观一条街。村里制作固定标语和条幅80余条，大力弘扬七亘村"东回榜样"的先进事迹，营造共建共治共享的乡村善治格局，提高村级治理社会化、法治化、规范化水平，为七亘村的发展奠定了良好基

础。基层党组织用实际行动参与群众生活的方方面面，群众在生活方面也建立起了自己的事"自己议、自己定、自己干、自己管"的互动形式。七亘村在促进农村集体经济发展的过程中，切实提升了村民的参与感。

（二）党建引领，鼓励优秀人才返乡，为农村集体经济注入动力

农村集体经济发展，离不开人才为经济发展注入的活力。不仅在七亘村，平定县的许多一肩挑的村"两委"都是在人才政策动员之下，回村任职的。在平定县的多数乡村中，一个比较集中的问题就是"年轻人普遍外出打工，老年人留守农村"，人才缺乏，活力缺乏，造成农村经济发展停滞，动力不足。解决人才流失问题，缓解经济发展缓慢是刻不容缓的。优秀人才返乡，有利于提升基层党组织工作水平。整顿基层党组织队伍，使得七亘村农村集体经济展现出勃勃生机。

第四节　联村党委：岔口乡甘泉井村西红柿精加工助力致富

一　岔口乡农村集体经济发展的基本情况

岔口乡位于平定县东北部，距县城40千米，全乡总面积19161.5公顷，下辖22个行政村，总人口17669人，常住人口6000余人，耕地面积53224.17亩。2021年以来，岔口乡全面实施"乡村振兴"战略，加快推进农业农村现代化步伐，持续壮大集体经济，逐渐形成"合作社+"农业产业发展格局。预计2022年底，甘泉井村集体经济在已达千万元的基础上继续提升，红岭村、理家庄村、西头岭村收入将达百万元，其余18个村收入全部达10万元以上。表2—5展示了岔口乡正在进行的集体经济项目与其所属的发展类型。

表2—5　　　　　　　　　岔口乡集体经济项目

村名	村集体经济发展项目	村集体经济发展类型
白瑶村	白瑶村土地、荒地开发	租赁土地、厂房等租赁活动
大前村	民宿项目、采摘园、玉米大豆套种	种植、采摘等农业项目
东峪井村	东峪井村连翘种植和200亩油牡丹改种项目	种植、采摘等农业项目
甘泉井村	蔬菜大棚、蛋鸡养殖、西红柿汁加工、鱼菜共生	种植、采摘等农业项目
郝家庄村	农业合作社玉米套种黄豆	种植、采摘等农业项目
红岭村	土地分块化领养项目	种植、采摘等农业项目
红岩岭村	红岩岭村高质量农田改造	其他
理家庄村	羊场建设	养殖业等畜牧业项目
青阳村	青阳村土沟集体经济合作社30亩连翘发展项目	种植、采摘等农业项目
食足村	深井自来水	其他
小岭村	嘉源种植专业合作社	种植、采摘等农业项目
岳家庄村	大棚，鱼菜共生项目	养殖业等畜牧业项目

资料来源：岔口乡实地调研所得。

甘泉井村位于平定县北部，是典型的纯农业村，全村共562户1302人，耕地面积4600亩。2021年集体经济总收入达3700万元，纯收入460余万元。谁能想到，十几年前，这里是一个无资源、无产业，甚至连条好路都没有的贫困村。十几年来，在村民们的共同努力下，修路、钻井，大力发展设施农业，使天堑变通途、荒山出细流、瘦田成沃土，实现了一次又一次质的飞跃。占地35亩的蛋鸡养殖基地，是一个智能化、自动化的蛋鸡养殖企业，也是甘泉井村脱贫致富的示范单位之一。2022年6月，3个鸡舍里存栏蛋鸡16万只，喂食、喂水、清粪等都实现了全自动作业。鸡粪经过堆积发酵后加工成有机肥料还田使用，真正实现了农业的绿色循环发展。

二 岔口乡甘泉井村农村集体经济发展模式

甘泉井村位于岔口乡北部,距离县城40千米左右。十多年前,这个偏远的小村庄无矿产、无企业,村里缺水、路破、树少,年轻人大多外出打工。直到2003年,这种状况才逐步有了转变。刘建平担任村党支部书记、村委会主任后,组织了有力的村"两委"班子,带领村民夯实基础设施建设,发展蔬菜大棚、蛋鸡养殖等。随着产业的向好发展,村集体经济成功破零,2021年实现4800余万元;村民人均纯收入从2003年的3000元提高到2021年的13000元。

(一)"合作社+基地+农户"的集体经济发展方式

2021年以来,岔口乡全面实施"乡村振兴"战略,加快推进农业农村现代化步伐,持续壮大集体经济,逐渐形成"合作社+"农业产业发展格局。为了发展好产业,甘泉井村集体成立了"平定县兴盛蔬菜种植专业合作社"。合作社采用"合作社+基地+农户"的模式引导80户农户入社,蔬菜种植面积达200亩。如今,合作社大部分日光温室大棚里安装了"水肥一体化"设备和自动防风卷帘系统,种植灌溉用水来自村里的深井水,肥料以鸡粪为主,合作社主要种植西红柿、西葫芦、黄瓜等蔬菜。其中,西红柿、黄瓜成功通过绿色农产品认证。合作社的新鲜蔬菜的年销售收入可以达到800万元。

(二)深耕特色农业,赋能"六品"产业

在阳泉市委提出的"十大战略"中,"大力发展酿品饮品、杂粮新品、中药品、果蔬制品、畜产品、功能食品等'六品'精深加工产业"是其中之一。甘泉井村积极响应这一战略部署。一方面在于这些产业附加值高,甘泉井村在有基础的同时也有优势。另一方面,在大棚西红柿生产旺季,西红柿的收购价格不甚理想,有时一筐50斤才卖到30元,大大影响了种植户的积极性。探索引进深加工项目是解决收益

降低的方法之一。经过多方考察后,甘泉井村决定投资700万元实施西红柿汁加工项目。预计项目运行后,年生产能力能达到3000吨。

通过"四议两公开"程序,商议运行西红柿汁加工项目、建设鱼菜共生项目和菌菇种植项目等事项。产业是乡村振兴的基础。通过发展相关农业产业,进一步提升党组织基层治理能力,为村民找到适合自己的经济发展方式,实现增收脱贫,也能够吸引更多人才返乡,为农村集体经济源源不断地注入活力。在产业健康发展的基础上,村里才有能力为村民解决更多实际问题,村民才能在村里找到适合自己的增收方式,也能吸引更多人返乡发展。这样,乡村才能更有活力。

(三)积极创新培育农业新业态项目

积极培育农业新业态项目,推进"鱼菜共生"项目落地落实;建设1000亩有机旱作农业示范田,发展富硒小米、富硒蔬菜等特色种植;抓住太行一号旅游公路的区位优势,发展集休闲、观光、采摘、旅游、康养、民宿为一体的乡村旅游。同时,在未来5年的时间里,甘泉井村计划继续丰富甘泉井品牌农特产品,重点建设200亩日光温室、4000吨西红柿汁加工项目,建设有机旱作农业示范基地和富硒产业试验基地;推进20万只蛋鸡养殖基地项目,充分利用本村田园风光、山水景观、乡风民俗、农业产业等资源,形成循环农业、创意农业、农事体验于一体的田园综合体。

三 岔口乡甘泉井村党组织引领方式

(一)积极提高基层党组织的治理能力

现在的甘泉井村是3年前由4个村庄合并而成的新村。近几年来,村党支部以党建引领并村融合为主线,充分发挥党员先锋模范作用,带领全村发展集体经济,提升乡村治理效能。并入甘泉井的3个村庄原先基础设施落后,有了新班子,村集体出资为原东峪村修建了1.5千米的田间路，为原范家岩村铺设了3千米长的输水管道。2022年初，村党支部又着手平整复垦原老峪村被撂荒多年的土地。在村"两委"班子的推动下，村里相继成立了红白理事会、道德评议会、调解委员会，并定期开展主题党日、志愿服务等活动。

甘泉井村的变化是阳泉市抓党建促基层治理能力提升的生动实践，也是阳泉市村级集体经济发展壮大的典型示范。

刘建平是甘泉井村党支部书记、村委会主任。2008年，刘建平获评"全国农村青年创业致富带头人"；2011年，当选省第十次党代会代表；2015年，被评为"全国劳模"；2018年，被评为山西省最美村干部；2019年，入选"三晋英才"支持计划拔尖骨干人才，荣获"全国绿化奖章"，被评为"全国乡村文化和旅游能人"。[①] 在这些光荣称号的背后，伴随的正是一个基层党员在一线工作的真实记录，也是甘泉井村农村集体经济发展的真实写照。

（二）在党建引领的"三治融合"基础上实施积分制

新情况带来新挑战。随着范家岩、老峪、东峪3个小村并入甘泉井村，村民由原先的120户360人增加到560户1306人。村域范围、人口数量增多，发展思路也需要根据环境和情境的变化进行调整和改变。

近年来，甘泉井村在坚持以党建引领自治、法治、德治"三治融合"的村级治理体系的基础上创新实施了积分制。积分制是将所有村民的各项活动进行分值化，与每年春节、重阳节等节日的福利挂钩。村民如果发生焚烧秸秆、放养家犬、毁坏林木等行为就会扣分，有红白事简办、义务植树等行为就会加分。由11个各年龄阶段、不同工作的村民组成的道德评议会评

---

① 梁海平：《荒山秃岭"掘井人"——记平定县甘泉井村党支部书记、村委会主任刘建平》，《阳泉日报》2020年1月24日第3版。

议，最终确定每个村民的总得分。40项权力清单、11个权力运行流程和有关工作制度全面实施，群众参与乡村治理的积极性和主动性不断提高。有效的治理方式，让乡风更文明、民风更淳朴，甘泉井村还获评了"全国乡村治理示范村"。通过"村民说事"，实现"为民办事"，村里的事务不论大小，都会征求村民的意见，问题也统一通过村民代表会解决。

四 岔口乡甘泉井村农村集体经济发展经验总结

（一）完善基础设施建设，引来产业"活水"

仅从村名——"甘泉井"或许可以猜到，甘泉井村之所以种植产业、养殖产业发展得风生水起，是因为村里的水资源丰富。事实也是如此，确实是因为村里有地表水井，水质还很好，口感甘甜。但地表水井的出水量只够夏、秋季节使用，之前村里也有种植蔬菜的农户，想要大规模发展，当时的供水量并不足以支持发展产业。但"水"是所有产业发展的基础，于是村"两委"带领村民首先解决了源头问题——"水源"。2005年，村"两委"带领村民打了深井，又陆续建成了3个5000立方米的蓄水池，采用夏秋季节从地表水井取水、冬春季节用深水井供水的方式。在这样的供水基础之上，蔬菜大棚才得以建立。近年来，村里的道路、天然气、网络等基础设施不断完善，产业发展的基础逐步夯实。

（二）建立联村党委，助推形成农业产业项目不断创新发展

近年来，甘泉井村吸纳周边8个村组建联村党委。先后成立了兴盛蔬菜种植专业合作社、裕盛养殖有限公司、积泉厚农业开发有限公司、亨艮飞工贸有限公司4个集体企业；成立了由全体村民为股东的甘泉井村股份经济合作社，以经营蔬菜种植、蛋鸡养殖为主；建起了500亩核桃基地、200亩蔬菜大棚基地、16万只蛋鸡养殖基地、4000吨西红柿精加工厂、50亩樱桃采摘园等农业特色体验项目。利用鸡粪有机肥作为大棚蔬菜基

肥,形成绿色循环农业,日产蛋5000千克,年产蛋125万千克,年销售收入达1125万元,年纯利润70余万元。

(三)"最美乡村干部"带领村民,使小山村"华丽蝶变"

"群雁高飞头雁领,必须是党支部带头,只要党员干部为老百姓办实事,老百姓就会信任你、支持你、跟着你干。"这是刘建平在接受电视台记者采访时讲的心得体会。2007年至今,刘建平带领村民种植了优质核桃树500亩,建成优质、高产、高效产业化蔬菜大棚200亩,种植樱桃50亩,建起存栏16万只蛋鸡的大型养鸡场,形成了户均1亩大棚菜、2亩核桃树、30亩山林、600只蛋鸡的增收格局,并与阳泉市和周边省市超市、农贸、批发中心等建立了畅通的销售体系,叫响了"甘泉井"农副特色产品品牌。2021年,岔口乡范家岩村、老峪村、东峪村并入甘泉井村,目前甘泉井村正在推行全新的并村发展思路:带领村民进一步扩大大棚蔬菜、蛋鸡养殖、造林绿化规模;积极推动一、二、三产业融合发展,打造2000亩西红柿有机旱作基地,推进4000吨西红柿精加工项目建设;抓住太行山一号旅游公路途经红岩岭风景区的机遇,积极筹划以发展"太行人家"为重点的乡村旅游业,为村民们开辟新的致富之源。

第五节　生态建设:锁簧镇东锁簧村探索集体经济新形式

一　锁簧镇农村集体经济发展的基本情况

锁簧镇位于平定县城南8千米处,全镇总面积53.4平方千米,辖19个行政村,总人口3.08万人。境内交通便利是锁簧镇的优势之一,207国道、阳涉铁路、阳大高铁都穿过锁簧镇境内,为锁簧镇带来发达的贸易物流。同时,锁簧镇境内资源丰富,矿产资源以煤炭、铝矾土、玄武岩为主。"十三五"期间,锁簧镇党委、政府以发展园区经济、板块经济、特色经济、通道经济和集镇经济"五大经济"为依托,着力建设新型制造业集聚区、现代农业示范区、商贸物流辐射区和生态环境宜居区"四大园区",致力于打造城南中心集镇。2020年全镇财政收入3467万元;一般公共预算收入1217万元,规模以上工业总产值完成98392万元;固定资产投资完成40582万元。

《平定县发展壮大新型农村集体经济三年行动计划》发布以来,锁簧镇党委政府领导各村积极落实开展相关集体经济项目。表2—6展示了锁簧镇正在进行的集体经济项目与其所属的发展类型。

表2—6　　　　　　　　锁簧镇集体经济项目

村名	村集体经济发展项目	村集体经济发展类型
陈家庄村	回收机动地出租	租赁土地、厂房等租赁活动
东锁簧村	龙泉湖休闲康养田园综合体项目(锁簧小镇)	种植、采摘等农业项目
谷头村	果园基地建设	种植、采摘等农业项目
官道沟村	蔬菜大棚维修改造工程	种植、采摘等农业项目
梨林头	高效农业建设	种植、采摘等农业项目
立壁村	立壁村千头猪场	养殖业等畜牧业项目
麻巷村	原工矿废弃地修复	其他
马家锁簧村	马家锁簧村整合大地部分土地种植项目	种植、采摘等农业项目
前梨林头村	富兴园区配套建设工程	其他
前锁簧村	春泽砂器文化发展有限公司	其他
上马坊村	上马坊村菜园地蔬菜大棚项目	种植、采摘等农业项目
魏家庄窝村	物流园	其他
西白岸村	管家岭旅游开发	旅游、民宿等服务业项目
西峪村	废弃固物处理项目	其他

资料来源:锁簧镇实地调研所得。

二 锁簧镇东锁簧村农村集体经济发展模式

锁簧镇东锁簧村交通便利、环境优美、民风淳朴、人文历史悠久，是位于太行山深处的一个古老村落，是锁簧镇镇政府所在地。全村总面积4.4万平方千米，耕地2522亩，林地2088亩。2020年底有农户1066户，农业人口2893人，其中60岁以上老年人586人。

稳步发展集体经济的基础即充分利用现有资源，包括充分利用现有场地、土地、地下水等资源，创造条件，多元化融资，积极招商引资稳步增加集体收入。通过发展集体经济项目，创造工作岗位，安置村民就业，持续增加村民收入。如贯彻开发特色项目，龙泉湖休闲康养田园综合体项目是东锁簧镇近五年发展规划的重点项目整体项目。

建设大型项目的前提首先是完善基础设施。2021年，东锁簧镇村融资1000万元，通过山西融德中慧建筑工程有限公司，完成龙泉湖安全治理一期工程，同时利用伟峰煤业污水处理厂规划范围内未利用场地，盘活闲置资源，引进山西玉峰煤炭销售有限公司。

绿色生态产业建设，建设现代化农业产业园。2022年，引进山西中慧水镇现代农业产业园有限公司，本着"安全优先、环保并重，因地制宜、生态协调"的原则，投资500万元，种植樱桃、枇杷、葡萄及山楂等苗木5000多棵，实施龙泉湖田园综合体美化绿化、景观果树苗木培育、大棚培育、采摘、观光等农业种植养殖体验，修筑道路6000米。同步开发龙泉湖设施蔬菜基地项目，总投资50万元，建设采摘大棚4座4亩、微灌水池1座（1500立方米），实现樱桃、草莓等果蔬应季采摘。采摘项目是农业产业园的一大特色，保障采摘项目正常运行，修缮道路、培育景观植物、采摘果园规模化，推进产业园成功建设。同时开展相关培训活动，提高村民的种植能力，精进农民的种植技术。

扩大项目影响力，辐射周边地区，建成特色集体经济项目。东锁簧村计划在2023—2025年充分利用龙泉湖周边采空区搬迁安置后的建设用地、龙泉湖水资源优势和传统村落明清古街规划保护项目，多元化融资，促进山西融德中慧建筑工程有限公司和山西中慧水镇现代农业产业园有限公司发展壮大，全面实施以龙泉湖休闲康养田园综合体为中心的锁簧水镇文旅游项目，形成生态观光、水上乐园、民俗文化、商务服务、康老健身、休闲民宿六大功能区，设立综合接待、休闲居住、应季采摘、民俗体验、光伏观光、红色文化几大基地。逐步打造集现代观光农业、休闲康养、文体旅游为一体的乡村振兴示范点。

三　锁簧镇东锁簧村党组织引领方式

首先，通过党建引领激活农村基层治理。基层治理能力是农村集体经济发展的重要保障与基础。锁簧镇坚持把党建引领乡村治理作为推动乡村振兴的"关键一招"，围绕头雁培育、素质提升、梯队培养、阵地建设等关键环节，不断把党的领导优势转化为基层治理效能。锁簧镇提出了"六化"的理念，以激活农村治理为目的，以教育常态化、管理网格化、信息数字化、人才服务化、发展统筹化、乡风文明化等方式展开相关工作，将基层治理重点工作项目化，细化各项工作要求，明确各项工作目标与工作内容。在教育常态化方面，锁簧镇关注"领头雁"的作用，注重村党支部书记的教育和培训。明确培训内容与教育目的，细化工作规则与制度，完善奖励与惩罚机制，最终提升村委会公信力，提升村干部的工作效率。在管理网格化方面，以创建管理服务新体系为目标，积极构建网格化管理的新模式，在网格中健全"行政村党支部—网格党小组—党员联系户"的村党组织体系，将党组织的工作范围和工作任务细化到管理服务的最末端，提升党员干部的工作效率与基层党组织的治理能力。在信息数字化方面，以创建信息平台服务广大群众为目标，推广培训数字乡村相关 App 的使用，在全镇开展数字乡镇、数字经济知识、数字技术等方面的培训，提升数字技术运用能力，使基层党组织能够熟练运用数字技术解决问题，将乡村管理扁平化、精细化和信息化。在人才服务化方面，以促进人才交流、促进人才引进为目的，开展人才回归指导项目，切实解决农村人才流失等问题，确保人才回流无阻力、人才交流无负担。建立起相关的工作制度，包括"五步工作法"等，建立长期长效的沟通机制。一方面实现培训服务常态化，一方面确保人才回流动力只增不减。在发展统筹化方面，以探索壮大村集体经济有效形式为目的，建立村集体经济发展的长效机制，多途径增加村级集体可支配收入。在乡风文明化方面，以环境整治、乡村振兴为目的，定期对街道进行保洁清扫，投建休闲广场，砌筑花池，使得环境更加舒心，使得村民生活的环境更加美观，提升人居环境质量。

其次，统筹发展以保障物质基础条件。"发展统筹化，筑牢物资保障"是锁簧镇"六化"融合举措之一。通过发展农村集体经济，提升农村集体经济实力，探索壮大村集体经济的有效形式，建立村集体经济发展的长效机制，从而达到增加村集体可支配收入的目标。

四 锁簧镇东锁簧村农村集体经济发展经验总结

一是项目化管理，提升基层治理能力。"六化"融合，项目化管理是锁簧镇提升基层治理能力实施的有力措施。将能力细化，区分各项公共服务所需的技能支持，找准需求，实现对应需求的供给。在党组织建设、网格建设、数字建设、人才建设、资源统筹建设、文明建设几个方面，找准需求所在并且制订详细的应对计划。同时能够动员力量，制订规则，做好培训，精进基层治理能力运用中的技术技能。

二是提升生态环境质量，为集体经济发展增添动力。生态环境质量是发展集体经济的根本。锁簧镇在发展集体经济的过程中，十分重视生态环境的利用与开发，同时也注意到乡村环境为农村集体经济助力的作用和效果。重视生态环境建设，提升居民生活环境质量，建设文明新村，是建设农村集体经济的重要基础。

三是建设综合项目，辐射周边地区，建成综合性农村集体经济模式。东锁簧村集体经济的模式具有明显的综合性与复杂性。一个项目同时包含多家公司参与，融资规模大，辐射效应广，建成时间长。龙泉湖休闲康养田园综合体项目的建成为东锁簧村和整个锁簧镇带来了长效的经济效应，从种植到采摘，工厂公司规模化运营，再到与文旅产业的结合，延长了产品线。在充分利用现有资源的基础上，招商引资，创新合作模式，着力建设特色项目，是有效的农村集体经济发展模式。

第六节　文旅战略：娘子关镇娘子关村大旅游推动乡村振兴

一　娘子关镇农村集体经济发展的基本情况

娘子关史称"天下第九关"，是阳泉市、平定县重要的水源地和旅游景区，素有"雄关秀水、北域江南"之美称。娘子关镇以旅游产业发展为契机，实现"从小旅游到大旅游，从事业型向产业型，从初步定位到快速发展"的转变，先后获得中国历史文化名镇、中国特色景观旅游名镇等殊荣，并曾被评为中国最具投资价值旅游景区。表2—7展示了娘子关镇正在进行的集体经济项目与其所属的发展类型。

表 2—7　　　　　　　　　娘子关镇集体经济发展项目

村名	村集体经济发展项目	村集体经济发展类型
河北村	河北村经济合作社	综合
新关村	新关村股份经济合作社	综合
城西村	城西村经济合作社	综合
程家村	程家村经济合作社	综合
东塔堰村	东塔堰村休闲观光采摘园建设	种植、采摘等农业项目
东五庄村	东五庄村集体经济合作社	综合
金窝庄村	金窝庄村股份经济合作社	综合
旧关村	旧关村股份经济合作社	综合
磨河滩村	磨河滩村股份经济合作社	综合
娘子关村	娘子关村经济合作社	综合
坡底村	扶持壮大村集体经济项目——连栋温室大棚	种植、采摘等农业项目
上董寨村	王家大院民宿旅游改造工程	旅游、民宿等服务业项目
西塔堰村	西塔堰村艾草种植及深加工项目	种植、采摘等农业项目；加工等制造业项目
西武庄村	西武庄村股份经济合作社	综合
下董寨村	礼堂传习演绎中心改建工程	综合

资料来源：娘子关镇实地调研所得。

娘子关村位于娘子关镇东部地区，距离平定县城 45 千米，总人口 2020 人，耕地 639.52 亩。大旅游事业的发展产生了众多岗位需求，使村民们既可以在家门口找到工作，又可以获得不薄的收入，故吸引了众多村民回流，投身建设家乡的行列之中。娘子关村充分借助地理优势发展成为著名旅游胜地，被国家评定为"全国乡村旅游重点村"[1]。

---

[1] 张瀚尹、冯梦琪：《娘子关村入选首批"全国乡村旅游重点村"》，《阳泉日报》2019 年 7 月 19 日第 1 版。

娘子关村党支部委员会由 8 人组成，党员 123 名。村党组织引领村集体走出传统发展模式，鼓励村民通过创业或加入集体经济形式参与旅游事业发展。党组织积极倡导招商引资和生态文明发展，为娘子关村旅游产业持续性发展壮大做出了卓越贡献。

娘子关镇娘子关村经济合作社是景区的集体经济组织，主要负责娘子关景区索道等相关项目开发工作。旅游业是娘子关村的支柱产业，村集体经济的发展以旅游业为中心。从小旅游的眼光看待，娘子关景区的项目维护等工作为村民提供了直接且大量的工作岗位，促进了集体经济和村民家庭收入的增长。从大旅游的角度评价，娘子关景区与村集体经济合作社互利共生，集体经济为景区提供优质基础设施，景区吸引游客前来参观，带动民宿餐饮等周边经济的发展。

二 娘子关镇娘子关村农村集体经济发展模式

娘子关村与娘子关景区比邻的天然优势使"靠山吃山"的发展模式成为可能。以丰富的历史文化、自然景观和红色事迹著称的娘子关景区铸就了娘子关村以第三产业为主体的产业布局。各类产业竞相发展，成为娘子关村集体经济发展的活力源泉。

（一）古今记忆，历久弥新

娘子关村的旅游资源将人文风光与自然风光融为一体，为不同观光群体提供了不同的游览体验。在娘子关村经济合作社的开发经营下，无论是热爱自然风光的背包客、熟读古代历史的文人墨客，还是深谙红色记忆的老干部，都能在娘子关景区找到属于自己的天地，古今记忆在娘子关交汇，完善的景区维护使得尘封已久的记忆重新焕发光彩。

依托当地人文地理优势，娘子关村进行了持续的景区建设和旅游项目创新，观光游、美食游、度假游、生态游等别具特色的旅游产品纷纷涌现，并面向不同游客群体打造别具特色的宣传品牌，多方游客各取所需，使娘子关景区逐渐建设成为大家争相前往的旅游打卡地。景区的发展自然而然带动了就业岗位的增加，一些常年在外工作的村民抓住景区招人的机会，放下异地的工作回到家乡，与家人一起来到景区上班。村内招工不仅帮助村民足不出村便可获得一笔工资收入，更关键的是家乡就业、创业让他们能够有更多时间与家人相处，使子女有了更加健康的成长环境。

集体经济的蓬勃发展为娘子关村带来了可观的收入，极大激发了村民自发创业的热情。村民们各自的看家本领也有了用武之地，比如有些村民做起了当地特色美食压饼，一经摆出就被抢购一空。村民通过这种小买卖赚得了额外收入，游客也体验到了最为地道的美食，形成了村集体、村民、游客各得其所的良性发展局面。

(二)"百鸟归巢"，转型创业

娘子关村干部深刻认识到产业转型升级的重要性，结合区域消费需求变化，突破原来以传统的煤炭运输为主导的产业格局，抓住居民文化需求激增的商机，大力发展文旅产业，以此壮大集体经济，因地制宜地引导村民投入特色民宿和农家乐、文旅产品生产和销售等产业，使村民家家有生意、人人能赚钱，在经营标杆的带动下，村民的创业热情不断提高。许多回乡创业的村民创办了产业园，在实现自身利润营收的同时更提供了众多岗位，也为周围的村民带来了实际福利。[1] 此外，特色民宿也是众多居民争相开展的特色产业，各家村民大展身手，使民宿差异化与多样性程度大大提升，形成规模效应，增强了对游客的吸引力。

文旅产业业态不断丰富。依托娘子关的特色旅游资源，充

---

[1] 冯梦琪：《做大文旅"蛋糕" 让村民家门口增收——来自平定县娘子关镇娘子关村的蹲点报告》，《阳泉日报》2020年9月8日第1版。

分利用水乡村落文化、关隘长城文化、红色军旅文化、民俗传统文化打造中国传统古村落、中国最美休闲乡村区域品牌,不断创新旅游项目,提高服务质量。如水石产业文化园、特色民宿等丰富了原有的旅游资源;汽车挂饰、中国结、家居摆件等文旅产品品种丰富,特色浓郁。通过定期举办文化旅游产品交流会,村民不断提出新创意,文旅产品不断推陈出新,成为娘子关村的亮丽名片,"雄关秀水,北域江南——长城脚下的泉上文旅小镇"呼之欲出,游客数量连年增加。文旅产业已经成为娘子关村的主导产业,旅游年接待人数达32万人次,旅游收入达2000多万元,村民人均纯收入12000余元,吸引了大批游子返乡创业。

（三）生态建设,多点开花

娘子关村"两委"干部积极践行"绿水青山就是金山银山"的理念,带领村民充分利用当地的自然资源发展现代化农业,与文旅产业紧密结合,以科技促进生态农业发展,开展富利生态农业综合开发项目,绿化荒山,修建河道,完善提水工程。

改良适应当地种植的水果品种,建设生态采摘园,种植核桃、桃、杏、葡萄、樱桃、桑葚等多种作物。[1] 以农家生活体验为文旅建设的又一大亮点,吸引游客开花时赏花、结果时采摘,充实游客的体验。村民制作的脆饼、水磨玉米面,养殖的罗非鱼、鲟鱼、虹鳟、鲶鱼、野生大虾等特色农产品通过文旅产业展现给游客,[2] 不仅促进了在地消费,也扩大了电子商务交易规模,与文旅产业相得益彰。

---

[1] 《娘子关村富利生态采摘园：采摘园里果香浓》,阳泉新闻网,http://www.yqnews.com.cn/dmpt/201906/t20190621_888839.html。

[2] 《平定县娘子关镇娘子关村：发挥资源优势 描绘乡村旅游新蓝图》,山西新闻网,https://m.163.com/dy/article/GQKEFS3S05500FRD.html。

三 娘子关镇娘子关村党组织引领方式

(一) 改变认识，创新思路

娘子关村党支部重视基层党组织建设，切实把政治强、业务精、作风好、群众公认的优秀干部选进基层党组织领导班子，深入学习贯彻习近平新时代中国特色社会主义思想，不断创新发展思路，顺应新时代乡村发展规律，搭建党员发挥作用的有效平台，引导党员参与基层社会管理和社会公益事业，突破以往的条条框框。

娘子关党组织重视培养村民新发展理念，制订娘子关村发展规划，打破大部分村民从事煤炭运输行业的路径依赖，充分发挥党员的带动作用，引导村民转向发展文旅产业，推出山水美景、产品展销、非遗展演等极具地方特色的文化旅游产品，让村民在文旅产业发展中得到实惠，扎实落实党中央乡村振兴政策。2021年实现纯收入450万元，村民人均可支配收入达13056元，带动500余名村民就业。

(二) 招商引资，建设为民

娘子关村按照"生态宜居、产游融合、四季宜游"的发展规划，积极探索全域旅游发展新格局。娘子关村在确立了科学合理的发展规划之后开始产业招商、工程招商工作，多个招商队伍和多种招商手段并行，问计于基层，问需于群众，找准投资方向，通过政府与社会资本合作（PPP）等模式解决了公路修建、平阳湖修复、水磨房院落修整、玻璃栈道等工程的资金。山西文旅集团与平定县政府签订战略合作协议，对娘子关景区进行整体开发，以关城文化为基底、泉水文化为特色，打造集文化休闲、竞技体验、赛事活动、康养度假、民俗体验为一体的全球科创探秘文化旅游目的地、国家5A级旅游景区。观光游、美食游、度假游、生态游，吸引了众多省内外游客，不仅丰富了乡村旅游内涵，也带动了餐饮、住宿、文创等产业兴起，使得村里就业机会骤增，使村民们幸福感不断提升。

（三）重视生态，内外兼修

娘子关村"两委"树立正确的政绩观，重视生态文明建设，善打持久战，少走"短平快"，围绕干部群众反映强烈的生态建设热点和难点问题协同攻关。娘子关村从2009年合作社承包开发生态沟到现在，在生态沟两侧荒山栽植油松、侧柏6万余株，整合和开发优势资源，改变村容村貌，开展生态环境整治。① 同时，注重对村民生态文明意识的培养，将绿色发展的理念根植在村民心中，为村民树立起环境生态价值与村民实际收入紧密关联的意识，促进村民自发维护生态环境。

娘子关泉域是居民生活、工农业用水的主要水源地，在产业发展过程中，娘子关村"两委"重视娘子关泉域生态环境保护，加强水源保护、水质监测、生态修复等工作，着力让娘子关泉域水量丰沛起来、水质好起来、风光美起来，兼顾了本地群众和游客对高品质生活的需求。娘子关村2013年被国家住房和城乡建设部评为"中国传统古村落"；2014年被农业农村部评为"中国最美休闲乡村"；2019年被国家文化和旅游部、国家发改委评为"全国乡村旅游重点村"；2020年被山西省文化和旅游厅评为"山西省4A级乡村旅游示范村"，被阳泉市农业农村局评为"阳泉市十佳美丽乡村"。

四 娘子关镇娘子关村农村集体经济发展经验总结

娘子关村集体经济在党建引领下得以快速发展，成为因地制宜开发建设文旅产业取得成功的重要代表，经验可以提炼为：党建+大旅游战略+"头雁效应"+村民参与+生态文明。

---

① 《娘子关村富利合作社：围绕景区规划 打造绿色产业》，阳泉新闻网，http://www.yqnews.com.cn/snzk/jtd/201812/t20181213_813085.html。

娘子关镇党组织大力倡导的"旅游+"方针是娘子关村集体经济实现关键转型的战略基石。"旅游+"方针将各村以农业、采矿业、运输业为主的各类传统产业组合升级，归于文旅产业的统一主导，在新型村集体经济领衔的开发模式下，通过三类产业融合的方式拉长产业链增加附加值，[①] 创造就业机会。

娘子关村党建引领中发挥的"头雁效应"是集体经济发展的组织保障。以杨文宝为书记的娘子关村党支部发挥共产党员敢为人先精神，发挥主观能动性带领全村人民积极转型。在村集体党组织制度建设、新型集体经济发展走向、村民精神文明建设中，党组织"头雁效应"显著。[②]

娘子关村村民积极参与集体经济发展与生态文明建设，村庄集体经济得以持续发展。广泛的村民参与提升了党组织决策的民主性，为组织决策提供了坚实民意基础。村民在民主决策过程中充分理解党领导人民的政策意图，使党引领村民集体经济建设的步伐更快更稳。

（一）全域"旅游+"战略方针提供政策扶持依据

娘子关镇党委将娘子关景区的旅游资源开发摆在无可取代的战略地位。为实现娘子关景区的持续发展与升级，娘子关镇大力实施"旅游+"战略，积极推动各村集体经济全面发展，充分发掘本地生产优势，发展文化旅游、房屋租赁等业务。在政府的广泛宣传与大力扶持下，"靠山吃山"成为娘子关村人的共识。娘子关村以娘子关景区为核心，充分做到了"中心繁荣，多点开花"的发展模式。娘子关村凭借优越的地理位置和得天独厚的旅游资源优势，组织集体经济对其进行可持续性开发。娘子关村党组织以娘子关景区为中心，发展大旅游战略，农业、

---

① 王晨光：《集体化乡村旅游发展模式对乡村振兴战略的影响与启示》，《山东社会科学》2018年第5期。

② 李敏：《农村基层党组织要发挥好"头雁效应"》，《人民论坛》2020年第27期。

手工业、制造业、服务业等各行业齐头并进，共谋发展。由县、镇党委鼓励发展形成的"组合拳"有助于各村集体形成完善的旅游资源开发机制，并借此形成产业集群与辐射效应，推动娘子关村大旅游产业走上集体经济发展的快车道。

（二）"头雁效应"调动各级积极性，引领发展

镇党委和村党委的"头雁效应"引领在发掘娘子关旅游资源的丰富价值中同样发挥着重要作用。

娘子关镇党委多方位把握各村集体经济建设工作，从摸排实情到拟定清单，从狠抓项目到制度建立，深入参与各村旅游集体经济发展建设的各个环节。为了掌握各村旅游资源开发的实际情况，镇党委书记亲自成立工作小组前往一线进行考察，最终确定了民宿、非遗、乡村体验等多个项目的发展规划；镇党委对各村建设计划采取精细化管理，"一村一策"为各村制订发展方案，通过项目实施带动集体经济发展；运用正负激励相结合推动村集体发展旅游经济，对有意发展或取得出色进展的村集体给予资金与政策倾斜，对消极怠慢发展、企图"等靠要"的组织压实责任链条，将集体经济发展水平与村干部个人考核绩效挂钩等。

娘子关村党组织积极贯彻落实镇党委全面发展旅游的战略，使合力发展集体经济的主张深入村民心中，在改变村民传统发展观念的过程中发挥重要作用。村党支部带领村民，大力发展旅游集体经济，在实现了村内人口大量就业的同时更吸引多位村民返乡，对集体经济建设起到重要催化作用。

（三）**村民参与为集体经济可持续发展打造基础**

村党组织的科学决策在领导集体经济开展招商引资的工作中也发挥着重要作用。什么产业与娘子关村的大旅游环境更加匹配，什么产业更加符合娘子关村的发展需要，与当地产业形成互补，都需要党组织慧眼识珠、甄别良莠，娘子关村党组织在进行决策时充分吸收村民意见，深入体察村民需求，帮助村

民了解政策意图,强化民主参与。村党组织还促进了绿色发展等新发展理念在集体经济中的传播,使村民能够接触并读懂习近平新时代中国特色社会主义思想,帮助村民用新思想武装头脑,在集体经济的发展中打开新局面,激发村民更强大的想象力与创造力。

娘子关村以旅游为核心的新型集体经济发展取得了显著的成绩。同时,娘子关村高水平的乡村治理还体现在娘子关村注重"内外兼修"的发展理念,遵循绿色发展的生态文明理念。在诸多因素的综合作用下,娘子关村真正步入集体经济发展快车道,逐步实现村集体发展目标。

第七节 搬迁转型:冠山镇鹊山村扶贫产业园走出脱贫新路

一 冠山镇农村集体经济发展的基本情况

冠山镇位于平定县中部,由原城关、南坳、维社三乡镇撤并组建而成,是平定县城所在地,与阳泉市区毗邻。冠山镇以煤炭、陶瓷、新型材料、商贸物流、加工、贸易为六大支柱产业,是中部六省经济百强乡镇。[1]"活文特"(盘活商业、注重文旅、特色农业)是冠山镇村级集体经济聚焦的重点。表2—8展示了冠山镇正在进行的集体经济项目与其所属的发展类型。

表2—8　　　　　　　　冠山镇集体经济发展项目

村名	村集体经济发展项目	村集体经济发展类型
东关街村	房屋场地租赁	租赁土地、厂房等租赁业务
西关街村	西关物业管理项目; 西关村商业街	综合 旅游、民宿等服务业项目

---

[1] 《冠山镇简介》,阳泉新闻网,http://www.yqnews.com.cn/rdzt/2021xcfc/2021xczxs/2021xcpd/2021pdgsz/202109/t20210910_1212674.html。

续表

村名	村集体经济发展项目	村集体经济发展类型
南关街村	庆和苑车库、储物室	租赁土地、厂房等租赁业务
城里街村	城里街底商改建工程项目	综合
鹊山村	鹊山村便民综合市场；汽车创意产业园	加工等制造业项目
杨家沟村	冠山书院小镇项目	旅游、民宿等服务业项目
大峪村	房屋及场地租赁	租赁土地、厂房等租赁业务
胡家庄村	胡家庄村废品收购站	综合
河头村	河头村数字乡村建设示范村	综合
后沟村	打造黄瓜干即食项目	种植、采摘等农业项目；加工等制造业项目
上庄村	房屋及场地租赁	租赁土地、厂房等租赁业务
孙家沟村	孙家沟村百亩田采摘园	种植、采摘等农业项目
姜家沟村	姜家沟村南大街综合市场招商	综合
庙沟村	房屋及场地租赁	租赁土地、厂房等租赁业务
贵石沟村	土地租赁	租赁土地、厂房等租赁业务
宋家庄村	宋家庄村60亩文玩核桃项目	种植、采摘等农业项目
冠庄村	资产场地租赁	租赁土地、厂房等租赁业务
南坳村	土地租赁	租赁土地、厂房等租赁业务
西锁簧村	场地租赁	租赁土地、厂房等租赁业务
常家沟村	平定县昌达耐火材料有限公司	加工等制造业项目
罗家峪村	场地租赁	租赁土地、厂房等租赁业务
南甃石村	资产场地租赁	租赁土地、厂房等租赁业务
北甃石村	北甃石村综合楼房屋租赁	租赁土地、厂房等租赁业务
庄窝村	底层商铺	租赁土地、厂房等租赁业务
中社村	蔡林沟闲置土地再利用	加工等制造业项目
里社村	土地及房屋场地租赁	租赁土地、厂房等租赁业务
维社村	场地租赁	租赁土地、厂房等租赁业务

续表

村名	村集体经济发展项目	村集体经济发展类型
红土洼村	场地租赁	租赁土地、厂房等租赁业务
甘井村	甘井村红薯深加工项目	加工等制造业项目
岭上村	场地租赁	租赁土地、厂房等租赁业务
红卫村	山西耕古嘉和农业有限公司	种植、采摘等农业项目
石板坪村	场地租赁	租赁土地、厂房等租赁业务
王家庄村	资产场地租赁	租赁土地、厂房等租赁业务
西沟村	渔菜综合种养	种植、采摘等农业项目
榆树院村	平定榆丰种植专业合作社	种植、采摘等农业项目

资料来源：冠山镇实地调研所得。

二　冠山镇鹊山村农村集体经济发展模式

鹊山村位于平定县城北部，与阳泉市区接壤，周边交通便利，2007年以前只有常住人口180多户470多人，易地搬迁后鹊山移民新村常住人口已达800多户3000多人。鹊山村既具备支持商业发展的扶贫产业园区，又具备优良的文旅资源，蕴藏着巨大的发展潜力。"搬得出、稳得住、能致富"是党和国家的要求，鹊山村实现了从以煤矿挖掘为主的集体经济模式到现今多元产业与文旅混合的发展模式的转变，用自身行动诠释了易地搬迁与扶贫项目相结合可以焕发出活力。

鹊山村党支部现有领导班子成员3人，党员35人。鹊山村党支部班子积极带领全村人民寻找发展出路，响应国家地质灾害防控与扶贫相关政策，完成易地搬迁工作，并以移民安置点为新根据地，吸引了全县的安置移民。在移民安置村的建设中，鹊山村党组织坚决贯彻落实"产业转型，项目为王"的思想，积极开展招商引资工作，以扶贫产业园为根据地建立了一系列产业集群，并计划后续开发文旅资源，为本村居民和外来移民提供大量就业岗位。从遍地矿坑、耕地匮乏的废弃矿区搬入产业聚集、绿色文明的现代化村庄，鹊山村人民在党的领导下完成了集体经济发展模式的蜕变。

（一）易地搬迁，紧抓机遇

鹊山村旧有集体经济与当地丰富的煤矿、硫铁矿资源紧密相关，处于"煤铁之乡"的阳泉市，鹊山村也享受着得天独厚的优势，煤矿开采已逾百年的历史。时过境迁，随着发展模式的改变和国家对环境资源保护的重视，煤矿和硫铁矿先后于2003年、2008年底关闭。虽然其后村党组织为保住村民收入来源引进了专门生产蒸压粉煤灰砖的华通路桥集团建材分公司，但这种传统而单一的发展模式仍使得村民的生活水平停滞不前。同时，煤矿开采使村中不少民房发生坍塌。传统的集体经济模式遇到了前所未有的挑战。

恶化的自然环境一度让鹊山村成为地质灾害村，也导致了集体经济发展的停滞不前，最终造成了"一方水土养不好一方人"的艰难局面。为了彻底走出这一困境，实现贫困群众跨越式发展，并打赢脱贫攻坚战，易地搬迁是最为合理可靠的解决办法。为了促进集体经济发展，鹊山村村委会积极寻求易地搬迁机会，抓住国家地质灾害治理、易地扶贫搬迁的政策良机，不仅使老村庄的村民迁移到新住所，更是促成了平定县委、县政府在确定"十三五"时期易地扶贫搬迁任务时将鹊山村遴选为平定县易地扶贫搬迁建设项目的集中安置点。时至今日，鹊山村已安置了来自4个乡镇116个自然村的贫困人口1170人，成为阳泉市唯一的1000人以上易地扶贫搬迁集中安置点，[①] 鹊山村"移民大家庭"的独特氛围为其集体经济重新焕发生机提供了人力与物质保障。

（二）多元产业，助民纾困

鹊山村以往利用煤矿带动产业链发展的传统模式在易地搬

[①] 《鹊山村扶贫产业园全屋定制生产区的工人在加工产品》，阳泉新闻网，http://www.yqnews.com.cn/rdzt/dbtpzt/yqwmw/wmfc/202108/t20210812_1200215.html。

迁的新环境下效果不再显著。如何盘活集体经济，带领全村人民和陆续入村的搬迁居民就业创收，重现鹊山村往日的繁荣景象，成了摆在鹊山村"两委"面前的严峻考验。

"搬得出"的问题得到解决后，"稳得住"成为鹊山村需要面对的挑战。鹊山村"两委"大力帮扶贫困人员摆脱现状，然而仅凭村集体经济实力毕竟有限，通过招商引资的方式达成村集体与企业的合作，拉动集体经济增长成为可靠选择。鹊山村村委会多次召开村民代表大会，最终确定了安置点就地就近建设扶贫产业园的方案。而后，鹊山村与山西天弘晋腾商贸有限公司共同建设的以建材制造加工业为主的扶贫产业园落成。阳泉市与平定县相关部门对扶贫产业园给予高度重视，在村"两委"积极筹划下，扶贫产业园积极筹建"一园两区一中心"项目，即平定县扶贫产业园、全屋定制生产区、农特产品加工区、品牌农产品运营中心，引导6家家居生产企业、8家农产品精深加工企业入驻。[1] 在持续的发展过程中扶贫产业园的规模不断壮大，随着山西沐豪实业有限公司、阳泉市博诺尼家居有限公司等建材上游企业，阳泉市城区吉利货运、美团优选等负责配送、保洁等下游企业，以及玩豆、冠霖、绿德杂粮、康康枣糕、乐蜂园等农特产品企业入驻，早期以建材制造加工产业为主的平定县扶贫产业园发展为多元产业融合的园区，延伸了产业链条，为村中贫困居民拓宽了就业出路。[2]

招商引资之外，村集体经济还自力更生创办了汽车保健产业园。这座产业园位于鹊山村的"黄金路段"西外环路，集汽车修理、装饰、洗车、加工为一体，总规模10900平方米，

---

[1] 郭鑫璐、张卓一：《扎根鹊山，守护村民"家门口"的幸福》，《阳泉日报》2021年3月14日第1版。

[2] 《移民管家办好搬迁群众民生事——记"山西省脱贫攻坚先进集体"冠山镇鹊山村村委会》，阳泉新闻网，http://www.yqnews.com.cn/rb/202106/t20210626_1181176.html。

2019年初竣工投入使用。产业园建立以来，近百家汽车相关产业的商家陆续入驻，在提供400个就业机会的同时每年盈利50余万元。

（三）发掘资源，文旅振兴

鹊山村素有深厚的文化历史积淀，打造文化旅游名牌也是鹊山村正在进行的工作之一。据传，"鹊山"名字的由来便与春秋战国时期名医扁鹊曾在村里为赵简子治愈头疾有关。民间更是有"先有鹊山村，后有平定城"之说，将鹊山村视作平定城的文化根基。具有悠久历史的古烽火台也在鹊山村伫立多年，现如今75米长的鹊山烽火文化长廊、规模为3000平方米的八卦文化园、1500米长的景区道路以及烽火文化景观绿化工程项目也为古烽火台注入了新的活力。同时，为了彰显鹊山村独特的历史文化，村里主持建设了扁鹊公园、简子园公园、杏林园公园等一系列公共设施，为今后文化旅游的发展做足了准备。

鹊山村在以古烽火台为卖点的同时也着手利用山上40多亩耕地开发温室大棚，既充分运用高效设施发展农业，又为前来观光的游客提供了新的娱乐设施。

三 冠山镇鹊山村党组织引领方式

在鹊山村发展过程中，村支部干部认识到要解决发展困境，必须及时转变发展思路，打破既有的旧格局，建立新的发展模式，这需要巨大的魄力，也需要强有力的号召引领，党组织在其中扮演着无可替代的角色。

（一）扶贫拉动，全盘开花

过去一个时期，鹊山村因矿产发掘进入了发展停滞。面对这种严峻形势，鹊山村党支部认真学习国家政策，在县委、县政府的大力支持下，及时抓住国家地质灾害治理、易地扶贫搬迁的政策良机，实现了旧村庄全村人口的易地搬迁。鹊山村党组织在本村搬迁人口的基本盘上继续组织生产建设，最终成为平定县全县易地扶贫的安置点，使更多饱受自然环境困扰的村民有了新的家园。

在易地搬迁扶贫过程中，党员干部身先士卒，确保了安置工程高质量竣工。鹊山村党支部书记、村委会主任李宝寿为了推进工程建设，几乎天天在工地。他熟悉地势、了解现场，群众工作经验丰富，及时有效督导工程建设质量及进度，为交付质量合格的房屋提供了重要保障。党员干部深入群众、服务人民的无私奉献精神在项目运作中发挥着巨大作用。鹊山村易地搬迁是村集体经济发展的重要转折点，这次搬迁帮助村民摆脱了恶劣的生存环境，为村民正常经济生产提供了保障，同时，也使散居各地的村民在安置地形成一定规模的集聚，为集体经济规模效应的出现、产业链的形成打下了基础。

（二）多元并举，拓宽赛道

鹊山村党支部引领集体经济发展的方式多元，路径灵活，做到了对本村比较优势和产业发展正确定位。鹊山村党组织在产业规划上以立足城乡结合作为园区的区位优势，按照"美丽鹊山"文化创意产业园项目提出的"一园、两区、三站"思路，打造"美丽鹊山"文化创意产业园，建设中医药生态产业区和汽车产业综合服务区，建立冠山文化创意产品服务站、农村电子商务服务站和农民创业就业服务站。在完成制造产业的相关配置后，进一步发展文旅产业，拓宽集体经济发展赛道，打造多元产业并举的发展局面。

产业配置基本成型后，党组织进一步通过"三个结合"，实现"三个带动"。[①] 鹊山村党支部在未来发展计划中还明确："与产业发展有机结合，带动周边生态旅游、特色农业、三产服务、文化产品等项目的发展；与农民增收有机结合，带动周边

---

① 《平定县冠山镇鹊山村》，阳泉新闻网，http://www.yqnews.com.cn/kxc/201803/t20180321_ 676470. html。

闲散人员就业，实现增产增收，脱贫致富；与民生改善有机结合，带动周边居民在人口集聚、子女就读、医疗卫生、交通条件、居住环境等方面得到改善。"党组织通过自身努力，促进产业融合，全村共下一盘棋，抓住转型机遇，共谋发展。

（三）授人以渔，赋能村民

完成村民的易地搬迁安置为乡村振兴迈出了重要一步，但这并不意味着党组织领导村民开展集体工作的结束。为了尽可能多地为移居村民创造就业条件，鹊山村"两委"积极推动实施美丽乡村建设项目，积极推进汽车创意产业区、古烽火台景区以及电子商务服务站、农民创业就业服务站、冠山文化创意产品服务站"两区三站"建设。目前，汽车创意产业区已投用，古烽火台景区已完成建设，"三站"建设已全面完成。鹊山村美丽乡村建设项目投用后可安排就业1000人，移民搬迁群众会因此受益。这些项目的落成带动了当地区域经济发展，为搬迁群众提供了众多的岗位。目前，已有103名贫困劳动力在产业园就业，人均年工资2.5万元。

为了帮助村民融入安置地社区并且重新拥有谋生手段，村"两委"还经常邀请高校教师前来展开技能培训。培训项目丰富多样，并不局限于生产所需技能，如插花技能教学就广受群众好评，既有利于为村民提供可能的谋生手段，也有利于提升他们的综合素养，可以说是一举多得。[1]

鹊山村党支部充分瞄准村民需求，为村民提供就业的场所与谋生的手段，真正做到"人挪活"，使村民生活和集体经济发展水平较搬迁前产生明显改观。

四 冠山镇鹊山村农村集体经济发展经验总结

冠山镇鹊山村新型集体经济的发展历程是村党支部引领村

---

[1] 《鹊山移民社区居民接受技能培训》，阳泉新闻网，http://www.yqnews.com.cn/snzk/sq/202009/t20200928_1069459.html。

民摆脱贫困、重获新生的奋斗历程。鹊山村充分调动党建引领扶贫,[1] 发展经验可以总结归纳为:党建+扶贫+易地搬迁+产业发展+公共治理。

党建引领扶贫是鹊山村实施易地搬迁和产业发展的政治保障与政策来源。因地致贫的扶贫涉及安置地建设、村民动员、稳定就业等多项工作,是规模巨大的系统性工程,只有党组织才具有强大的组织能力、动员能力和战胜贫困的决心,引领各方有序开展扶贫事业。

易地搬迁和产业发展等措施是党建引领扶贫与新型集体经济发展的主要手段。党建引领扶贫为"搬得出"带来可能,易地搬迁和产业集群发展为"稳得住、能致富"这一目标的实现提供了实现路径。村民参与公共治理是党组织引领村民参与政治经济生活、培养主人翁主体意识、推动产业可持续发展的有效手段。鹊山村党建引领扶贫的发展路径为因自然环境导致贫困和易地搬迁后预防返贫的村庄提供经验路径参考。

(一)党建引领扶贫是村集体摆脱贫困的必然选择

冠山镇党委、政府从多元角度入手,积极推动集体经济发展。阳泉市委常委、平定县委书记在县委"三干会"上强调的"三个坚定信心"反映了全县人民勇于突破、敢当先锋、争相创新的开拓精神,这种精神作为冠山镇各村干部坚实的后盾,为党建引领扶贫工作提供政治保证,使他们在守正创新的道路上不再畏手畏脚,大刀阔斧地寻求集体经济转型,推进产业发展。

鹊山村党组织的主观能动性在战胜贫困中同样发挥重要作用。从市县领导开始关注鹊山村地质灾害问题,到易地搬迁计划得以成形,到全村居民完成搬迁住进新房并吸引其他安置移民,每一步都有村党组织成员参与其中进行沟通与协调。基层

---

[1] 李思经、张永勋、钟钰、刘明月:《党建扶贫机制、模式及挑战研究》,《农业经济问题》2020年第1期。

党组织是村民之间、村民与政府之间交流的重要平台，他们在帮助村民搬迁、就业的过程中做出显著贡献，村民合理合法权益得到保障，促进村民更加顺利地融入社区团体。村党组织是上级政府与当地村民进行联系的桥梁，是衔接上级党组织与农民群众的纽带，也是党的方针政策的积极践行者。

（二）易地搬迁和产业发展是摆脱贫困、防止返贫的具体手段

平定县和冠山镇党委将思想转型的成果运用在产业转型的实践中，积极推动各类新兴项目建设，将冠山镇打造为服务新材料产业链的重要基地，借此推动招商引资，充实集体经济家底。同时，冠山镇党委紧抓旅游资源，推进文旅融合，积极开发"冠山"名片，将旅游与紫砂壶文化、紫砂壶产业深度融合，逐渐形成区域一体、互利共生的发展态势。

易地搬迁安置移民和扶贫产业园中多元产业的招商引资与开发体现出村党组织的智慧和为民的初心。从与山西天弘晋腾商贸有限公司合作，开发以建材制造加工业为主的扶贫产业园，到建材、货运、配送、保洁、农副产品生产等项目多点开花，再到对文旅资源的开发计划逐渐提上日程，描绘出鹊山村党组织领导班子在扶贫产业园开发过程中不断积累经验、深化对标村民就业需求的过程。多元产业协同并举，不仅使鹊山村摆脱了贫困，集体经济收益日益可观，也使村民先安居后乐业，为区域经济发展注入活力。

（三）村民广泛参与公共治理是集体经济可持续发展的内在动力

鹊山村易地搬迁的实践，不仅在乡村公共治理领域完成了党组织与社区之间的"双向赋能"，更是在经济建设、生态治理等各方面完成了多方位的"双向赋能"。[1] 在鹊山村扶贫产业园

---

[1] 丁羽、温松、王云：《双向增能：党建引领易地搬迁社区治理能力提升的路径探析——以Y县H社区为例》，《公共治理研究》2022年第1期。

建设的过程中，村民积极参与就业，成为集体经济的参与者，村民既是基层治理的参与者，又是经济活动的主体。村民广泛参与村集体经济活动（民主决策、移民社区管理等），有助于壮大集体经济实力。党组织与村民、社区建立的紧密纽带使"双向赋能"扩散到村集体事务的各个方面，使乡村治理与发展具有更大空间。集体经济发展所得收益部分用于村集体公共服务设施供给，同时村集体也会发放红利性补贴，而公共服务多由本村村民承担，乡土社会与共同维系的集体经济构成了村民间的纽带，在公共服务上达成共识。

通过易地搬迁、持续扶贫等帮扶措施，鹊山村从发展困难、交通不便、遍地矿坑的地质灾害村转变为现代化、多元产业融合的现代化新农村。这离不开市、县各级党委、政府及其相关部门对鹊山村转型发展的充分重视和政策扶持，有赖于村集体党组织的坚强领导，更依靠村民自身的艰苦奋斗。以上这几方面因素相辅相成、缺一不可。

鹊山村党组织实行的易地搬迁（脱贫）—发展—提升"三步走"，回应了易地搬迁扶贫的要求。县镇党组织与鹊山村党组织的密切互动使移民搬迁的规划臻于细致合理，移民社区扶贫产业园建造与一系列园区的建设充分反映出鹊山村党组织因地制宜发展集体经济的工作方法。上级党组织、基层党委、村民等多方合作脱贫的发展模式，是值得借鉴的重要案例，为党建引领扶贫搬迁、防止返贫提供了实践样本。

第八节　因地制宜：石门口乡徐峪沟村探寻人口老龄化出路

一　石门口乡农村集体经济发展的基本情况

石门口乡位于平定县县城东部，因乡人民政府驻石门口村而得名。石门口乡交通便利，矿产丰富，拥有平定县唯一水库——大石门水库。石门口乡村级集体经济发展模式主要分为：村集体自主发展模式、合作带动模式和招商引资模式。表2—9展示了石门口乡正在进行的集体经济项目与其所属的发展类型。

表2—9　　　　　　　　石门口乡集体经济发展项目

村名	村集体经济发展项目	村集体经济发展类型
东郊村	企业场地租赁	租赁土地、厂房等租赁业务
南坪村	南坪村私营企业土地租赁项目	租赁土地、厂房等租赁业务
南上庄村	土地、厂房租赁	租赁土地、厂房等租赁业务
西郊村	荒滩、土地、废弃厂房租赁	租赁土地、厂房等租赁业务
徐峪沟村	黄牛养殖项目； 连翘种植项目	种植、采摘等农业项目； 养殖业等畜牧业项目
小桥铺村	蘑菇种植	种植、采摘等农业项目
枣岭村	荒山租赁、土地流转提质增效产业发展项目	租赁土地、厂房等租赁业务

资料来源：石门口乡实地调研所得。

石门口乡徐峪沟村是以村集体自主发展模式为主的代表性村庄。徐峪沟村总人口1002人，由前徐峪沟、里徐峪沟、卢家庄村合并而成，[①] 是石门口乡唯一的合并村。徐峪沟村是典型的纯农业村，基本位于山区，全村耕地面积3000多亩，以传统作物种植为主。徐峪沟村力求突破传统农业收益较低带来的发展限制，创新发展新型农业养殖种植手段，提高土地利用效率，为当地发展打开新局面。

石门口乡徐峪沟村党支部现有党员58名，党支部以发展经济、为民服务为中心，以提高农民收益为目标，以新型农业化为动力，以调整经济发展结果为先导，以党在农村的各项工作路线、方针、政策为指引，引领村民求新求变。

[①]《徐峪沟》，阳泉新闻网，http://www.yqnews.com.cn/rdzt/2021xcfc/2021xczxs/2021xcpd/2021pdsmkx/202109/t20210920_1219669.html。

二 石门口乡徐峪沟村农村集体经济发展模式

黄牛养殖、连翘种植和土地返包是徐峪沟村集体经济发展最主要的三种形式。徐峪沟村黄牛养殖基地养殖黄牛70余头，充分利用徐峪沟村传统种植产生的3000亩玉米秸秆，将其加工成饲草进行喂养。连翘种植是徐峪沟村创新发展的又一重要成果。2016年以来，徐峪沟村将连翘产业作为乡村振兴的主导产业，合理利用荒山、荒坡种植连翘100亩，几年内种植规模达到1000亩。从2021年开始，连翘果进入盛产期，村集体经济收入每年增加10多万元。另外，出于土地充分利用的考虑，徐峪沟村集体经济合作社发展土地返包项目，承包长期在外村民撂荒地、弃耕地300余亩，分给留守村民，种植玉米、高粱、谷子等，实现年收入40多万元。

徐峪沟村与平定县许多村庄相比，缺少丰富的矿产资源和充满吸引力的旅游资源，"地上无企业，地下无资源"，是典型的纯农业山村，地理位置的偏僻带来高昂的运输成本，阻碍招商引资工作展开。这些障碍构成了徐峪沟村集体经济转型道路上的特殊困难。党组织不畏困难，调动多方智慧，带领全村人走出一条非同寻常的村集体经济发展之路。

（一）因材制宜，黄牛养殖

徐峪沟纯农业村的性质使得村庄不足以承载上千人口的生活需求，外出打工谋生成为该村大多数年轻人理性的选择。

2015年之前，村内并不存在任何形式的集体经济，农业种植是村民创收的唯一手段。为实现村集体经济"破零"，徐峪沟村党支部在经过充分考察后，多方筹集资金，投入150万元成立了平定县福田裕养殖专业合作社，尝试走上特色现代农业的发展道路。经过几年的摸索与尝试，黄牛养殖已经初具规模，合作社养殖的肉牛销路稳定，合作社社员不断壮大，种植、养殖品种也在不断丰富。

在合作社从事养殖工作的多是村中 60 岁以上的老年人，在工作过程中，他们既充实了自己的生活，又获得了一定的收入，提升了晚年生活品质。随着养殖经济的规模不断扩大，村集体也拥有了更多的资金用于公共事业建设，全村的发展势头高涨，人居环境逐步改善，村民的获得感、幸福感逐渐提高。

（二）因地制宜，连翘种植

徐峪沟村山区的复杂地形使许多传统农作物难以生长，村党组织经过多方考察、验证发现，该地区气候适合连翘生长，因此种植连翘可能是将荒山充分利用的理想措施。

2016 年，村党组织开始规划将荒山用于连翘种植。徐峪沟村尝试引进并种植将近 200 亩连翘，作物生长至 2020 年已逐渐成熟进入生产期，连翘嫩芽用以泡茶，连翘果实可入药，预计收入可达十余万元。

连翘种植也是由村中老年人负责，一般 7 月采摘连翘果实。每到连翘成熟季节，收获的果实会被河北省的经销商收购，具有稳定的销售渠道。然而，连翘种植也面临挑战。农业专家对徐峪沟村连翘种植情况进行评估得出结论，连翘作物现有种植环境的通风采光都存在一定问题，这造成了连翘作物近年来的减产，如果管理得当，现有连翘作物可以实现每亩 8000 元收入，技术支持匮乏已经成为徐峪沟村连翘种植亟须解决的问题。

（三）土地返包，创岗增收

徐峪沟村进城务工青壮年的增多直接导致村中大量土地出现弃耕和撂荒。为了充分利用耕地资源，党组织积极与外地务工村民进行联系，开展土地返包项目，以每亩 100 元的价格进行返包。收到返包土地后，村"两委"负责为 60 岁以上老人安排工作，将返包后的土地发给他们进行统一耕种，为其增加就业机会。村集体号召老人统一种植玉米，并将收割后的玉米秸秆进行回收，为村中老人提供了可观的工作岗位。

三 石门口乡徐峪沟村党组织引领方式

徐峪沟村人口老龄化程度高达35%。老年人难以在城镇找到工作机会,养老的资金来源成为徐峪沟村"两委"关注的重点。徐峪沟村党支部重视老年人的民生问题,积极在村内开办集体经济,为有劳动能力的老年人提供就业岗位,使他们老有所为、劳有所得,缓解他们的生活压力。

(一)调研学习,引领发展

选择黄牛养殖发展集体经济是该村的重要突破点,这一关键决策是徐峪沟村党组织长期调研考察的结果。

为实现村集体经济破零,徐峪沟村"两委"多次前往山西省忻州市、晋中市昔阳县等地进行实地考察,走访相关企业,向专业人士请教养殖经验。同时,徐峪沟村"两委"还多次展开市场调研,明确了市场需求,保障了黄牛肉的销路,加之市场认可黄牛肉口感,最终将其纳入养殖范围。在成本的核算上,徐峪沟村"两委"做足功课,他们发现黄牛喜食玉米秸秆,当地气候非常适合黄牛生长,同时牛粪也可以成为肥料,二者结合大大缩减了养殖成本,最终确定将西门塔尔牛作为村中集体经济首次尝试的养殖对象。黄牛养殖的尝试不负所望,为合作社的发展带来了一线生机。党支部将引导合作社继续扩大养殖,为集体经济壮大做出更大贡献。

(二)农业循环,绿色发展

徐峪沟村山区的环境阻碍了农业生产的进一步发展,但其石灰石质量居于上乘,开发石灰石可以迅速发展集体经济,但村集体坚决拒绝了这种以牺牲环境为代价的开发工程。

徐峪沟村始终秉持绿色发展理念进行农业生产,这也是他们选择黄牛作为养殖对象的重要原因之一:徐峪沟村长期种植玉米,而玉米秸秆是黄牛养殖较为理想的饲草,在很大程度上节约了养殖成本,也将村中的玉米秸秆变废为宝。同时,通过秸秆喂牛产生的粪便，通过发酵转化为有机肥，重新运用于农业，形成了一定程度的循环农业。农业种植过程中废弃的大量玉米秸秆可能存在失火的风险，如果直接将其焚烧更会造成严重的环境污染，防火与污染治理都将付出不小的成本，黄牛养殖这一措施使劣势转化为优势，无形中化解了风险，减少了成本。

（三）关爱老年人群体，老有所为

徐峪沟村党组织积极吸纳老年人加入集体经济建设队伍，为老年人提供黄牛养殖、连翘种植、玉米种植等一系列工作机会，为老年人提供稳定的收入来源。在此基础上，党组织为老年人开办玉米种植集中培训班，帮助他们科学合理增加作物产量，提高劳动生产率。徐峪沟村引导专业合作社、村集体经济合作社等部门对老人工作进行项目化的管理，在必要时予以技术支持。除此之外，村委会时常通过组织60岁以上老人免费理发、举办文艺会演等活动为老人送温暖。村集体经济发展壮大后，村中老年人的生活情况发生了明显改善，身体条件较好的老年人基本实现了收入和生活水平的不断提高。

四 石门口乡徐峪沟农村集体经济发展经验总结

徐峪沟村"两委"引领全村人民发展新型集体经济，实现从零到多、从低效率到高质量发展的转变。徐峪沟村党组织引领下的集体经济发展经验可以总结归纳为：党建+服务型组织+产业转型+"空心化"应对。

徐峪沟村党支部从行政向服务的转变是村集体发展新型集体经济、解决老龄化、"空心化"问题的重要手段。[1] 村党组织积极响应上级党组织号召，提高服务意识，学习集体经济发展

---

[1] 周忠丽：《"空心化"背景下农村基层党组织凝聚力建设研究》，《探索》2016年第1期。

出路，为引导本村发展做足理论准备。

产业转型是开启徐峪沟村新型集体经济建设的起点。党支部开展的产业转型为农业发展拓宽道路，新型集体经济下的农业与传统农业相比具有更丰富的多样性，养殖、种植等融合现代科技与发展理念，在组织性、专业性上明显提升，产生了更高的附加值。

徐峪沟村党组织面对村中老龄化、"空心化"问题，因人、因地、因材制宜，开拓出适合本村发展状况的经济建设道路，既关注经济效益，又重视村民福利。在党建引领新型集体经济发展的实现路径上，徐峪沟村的经验可以概括为以下几个方面。

（一）响应上级号召，实现党组织为民服务宗旨

平定县和石门口乡党组织主动出击，制定促进村集体经济发展的凝聚"支点"、畅通"堵点"、用好"撬点"三大战略。石门口乡党委整理、学习国家和省市县下达的各项推动村集体经济发展的政策、措施与规定，为石门口乡各村集体经济发展量身定制发展策略；面对集体经济发展薄弱的村庄，清晰识别各村庄"没钱办事"等各类堵点，注重资金力量，遴选出最具有发展潜力的集体经济项目加以培育；积极探索适合各村发展的集体经济形式与路径。徐峪沟村党支部领悟上级精神，发挥基层党组织深入群众优势，抓住政策红利，建设新型集体经济。

（二）敢于突破，大胆尝试、科学论证引领产业转型

徐峪沟村属于传统纯农业村，经济发展水平落后，在没有外力推动的情况下，本村村民也多安于现状，既缺乏寻求改变的动力与能力，又缺乏产业转变的方向与指引。徐峪沟村党支部充分响应石门口乡党委号召，积极学习集体经济建设相关经验，逐步进行集体经济的发展尝试。在没有集体经济建设经验的情况下，徐峪沟村党支部摸着石头过河开展实践，在确定黄牛养殖作为村集体经济的突破口时，他们经过长时间的考察论证，在对黄牛养殖的条件、成本、市场、收益等全面认识后才

展开行动,建立黄牛养殖合作社,取得发展成就。

(三)因地制宜,积极应对农村"空心化"问题

徐峪沟村采取的"空心化"应对手段是党建引领下人、材、地各得其所的重要成果,是徐峪沟村党支部集体经济建设探索中最具理论价值的实践经验。徐峪沟村广泛吸纳村内60岁以上老年人参与集体经济活动,既促进了本村经济发展,又增加了社会福利,具有公益性质。作为老龄化率居高不下的村庄,徐峪沟村有较高的赡养老人的经济压力,薄弱的经济基础使其不能为老人提供充足资金。借助集体经济的发展,村集体资金得以充盈,更多的资金被投入公益服务事业中。参与集体经济劳动本身获得的工资也使村里老人的晚年有所凭借,活得更加体面、更有尊严。农村老龄化是我国乡村振兴中必然面临的问题,未富先老的情况使老人失去了经济上的支撑,而农村"空心化"问题使得年轻人也不能时刻陪伴在老人身边给予物质支持,老而何依成为乡村发展的严峻考验。徐峪沟村党组织领导下的发展经验为既有的农村老龄化研究打开了新的思路:在社保养老尚不足以高质量全面铺开的当下,通过集体经济为尚未失去劳动能力且需要就业的老人创造工作机会,[1] 有效缓解社会养老压力,是经济转型时期缓解乡村老龄化、"空心化"问题的有效办法。虽然说这是在乡村集体经济尚不发达的情境下进行的一次实践,但是这种试行模式对有效缓解乡村老龄化的僵局具有一定参考价值。

徐峪沟村党组织带领村民创业,过程艰难,但以人民为中心的信念使党组织带领村民坚持了下来,发展至今取得可观成就。虽然与其他村庄相比,集体经济体量仍显不足,但是徐峪沟村人民在发展历程中直面困难,战胜自我,使自身发展迈上新台阶。

---

[1] 贺雪峰:《积极应对农村老龄化的村社养老》,《社会科学研究》2022年第4期。

第九节　一核三轮：张庄镇宁艾村党建引领产业融合发展

一　张庄镇农村集体经济发展的基本情况

张庄镇位于阳泉市南部，与昔阳县接壤，镇政府驻地张庄村，距离平定县城15千米，阳涉铁路横贯张庄镇全境，北上与石太线相连，南下进入河北，辅以公路运输网络纵贯其中，交通便利。张庄镇地形多样，东浮化山、药林寺居于其中，平定三大河流之一阳胜河流经张庄汇入大石门水库，矿产资源丰富，耕地面积达67700亩，用于粮田、果园与商品菜种植。表2—10展示了张庄镇正在进行的集体经济项目与其所属的发展类型。

表2—10　　　　　张庄镇集体经济发展项目

村名	村集体经济发展项目	村集体经济发展类型
夏庄村	夏庄村夏庄股份经济合作社小型农场；白家掌农家乐；夏庄村白家掌股份经济合作社采摘园	种植、采摘等农业项目；旅游、民宿等服务业项目
崔家村	种植玉米套大豆	种植、采摘等农业项目
范家掌村	蘑菇种植基地	种植、采摘等农业项目
复兴村	食用菌基地建设	种植、采摘等农业项目
郭家堖村	光伏土地租赁	租赁土地、厂房等租赁业务
郭家山村	光伏占地项目、机动地承包项目	租赁土地、厂房等租赁业务
南后峪村	红色旅游+休闲采摘融合发展产业项目	种植、采摘等农业项目；旅游、民宿等服务业项目
南阳胜村	采摘观光园区建设	种植、采摘等农业项目；旅游、民宿等服务业项目
宁艾村	莲花山乡村文化旅游项目	旅游、民宿等服务业项目
神峪村	蘑菇养殖	种植、采摘等农业项目
桃叶坡村	山西马鞍山旅游开发有限公司	旅游、民宿等服务业项目
土岭头村	苗木基地建设	种植、采摘等农业项目

续表

村名	村集体经济发展项目	村集体经济发展类型
王家坪村	食用菌基地建设	种植、采摘等农业项目
西城村	西城村农业产业园	种植、采摘等农业项目；旅游、民宿等服务业项目
西古贝村	风电项目	其他
下马郡头村	山西恒远康农业开发有限公司	加工等制造业项目
鸦洼村	集体机动地种植	种植、采摘等农业项目
有金堰村	张庄镇食用菌产业联合体	种植、采摘等农业项目
张庄村	臻盈轩紫砂有限公司	加工等制造业项目
北后峪村	光伏租地产业	租赁土地、厂房等租赁业务
赵家庄村	窑洞蘑菇	种植、采摘等农业项目
左家村	村委会、舞台和古建筑修缮工程	综合

资料来源：张庄镇实地调研所得。

宁艾村总人口5718人，面积8.5平方千米，耕地面积4350亩，① 是平定县名副其实的大村。宁艾村坐落于莲花山下，拥有悠久的历史文化底蕴，古上艾传说与女娲神话在当地广为流传，当地生态环境良好，为生态农业与文旅事业提供了优质自然基础。宁艾村村民在党组织领导下坚持党的理论学习并用以指导生产，取得良好成效。

二 张庄镇宁艾村农村集体经济发展模式

宁艾村集体经济形式开放多元，工业、农业、文旅产业发展并举。在工业上兼容驻村企业与招商引资企业的共同发展；在农业上广泛吸收新兴农业技术与生物品种；在文化旅游上坚持将传统文化与现代游览项目相结合，三类产业相互支持渗透，

---

① 《宁艾》，阳泉新闻网，http://www.yqnews.com.cn/rdzt/2021xcfc/2021xczxs/2021xcpd/2021pdzzz/202109/t20210919_1219362.html。

并统一于村党组织的领导下，共同促进集体经济事业发展。

（一）"一核三轮"，稳定发展

"一核三轮"是宁艾村结合实际发展经验，首创的以党建龙头为核心，在工业、农业、文化旅游业三类产业上实现三轮驱动，促进全村经济发展，拓宽村民增收渠道的发展思路。工业方面，宁艾村大力发展工业园区，借助平定县大力发展紫砂产业的契机，成立了平定县上艾紫砂科技有限公司，对村民进行技术培训，通过本土紫砂产业的传承和创新开拓市场；积极做好贝特瑞、金海洋煤业等多家驻村企业的协调服务，保障大量村民就业岗位。农业方面，宁艾村在稳定粮食种植面积的基础上，大力发展无公害蔬菜种植；同时注重招商引资，发展鸵鸟养殖等特色产业。在文化旅游方面，宁艾村充分借助莲花山的自然风光和丰富的乡村传统民俗文化，挖掘悠久的古上艾文化、女娲传说，围绕莲花山乡村旅游落成的集农家乐、垂钓、果蔬采摘为一体的休闲观光园、逍遥谷旅游步道、女娲系列雕像等已粗具规模。"一核三轮"形成了稳定发展局面，工业、农业与文旅产业形成"三驾马车"，有力地带动了集体经济发展与村民增收致富。

（二）现代农业，生态文明

在宁艾村"一核三轮"的发展模式中，农业是其中的重要组成部分。宁艾村在传统农业种植模式以外另辟蹊径，采取"科研＋合作社＋农户"的发展模式，开发出了适合本村发展的现代化农业道路。以设施农业为主的大棚种植逐步普及，引导种植方式从粗放向精细转变，并积极引进附加值高的草莓等蔬菜水果。

草莓种植是宁艾村村民开展设施农业的成功尝试。[1] 在经历了一两年草莓种植的尝试后，村民们发现草莓的市场潜力巨大。于是许多村民着手扩大草莓种植规模，聘请技术员育苗、配肥、

---

[1] 侯节：《张庄镇宁艾村：让小草莓成为大产业》，《阳泉晚报》2021年5月24日第5版。

管理，科学制订施肥灌溉方案，改良大棚土壤，提升蔬菜水果的口感和营养，精准控制蔬菜水果的上市时间，在大棚中设置蜂箱提高授粉率，大幅度提高了大棚蔬菜水果的产出率，有效控制生产成本，建立规模农业合作社，采取网上售卖和大棚采摘等形式，提高知名度，提升蔬菜水果利润率。随着种植面积的扩大，草莓种植产生了更大的劳动需求，为村民创造了更多就业岗位，形成了村民间互利互惠的良好局面。

鸵鸟养殖是宁艾村的特色农业产业，[①]并形成了产业链。鸵鸟是杂食性动物，树叶、杂草、果实都可以作为它们的饲料。它们的环境适应能力、抗疫能力强，耐热耐寒，养殖较简单。鸵鸟基地设置室温检测仪、湿度检测仪等设备设施，逐步实现科学养殖，提高了孵蛋率和产肉率，降低了死亡率。现代农业规模不断扩大，效益不断提升，在充分利用土地资源的同时也提升了生态环境质量。

（三）发掘资源，文旅振兴

宁艾村大力实施乡村振兴战略，将"宜居宜业宜游，绿色山水宁艾"作为发展定位，大力发展乡村文化旅游，充分利用莲花山逍遥谷的旅游资源发展文旅产业，打造以莲花山为中心的田园山庄旅游品牌。莲花山森林覆盖率90%以上，建于景区内的白杨沟水库，水域面积1.2万平方米，从库尾山间喷涌而出的泉水，常年不断地流入水库，形成了独特的自然景观。在省市实施旅游富民工程的引领下，宁艾村村"两委"抢抓乡村旅游发展机遇，借助莲花山的自然风光，深挖古上艾文化和女娲"栖居莲花山、炼石于浮山"的历史传说，着力打造集餐饮、垂钓、游乐、采摘、历史及人文景观于一体的莲花山景区，承办张庄镇第二届文化旅游节、与平定县文旅局合力打造原创神

[①]《鸵鸟达人的产业链条"经"》，阳泉新闻网，http://www.yqnews.com.cn/rdzt/dbtpzt/yqwmw/jwmsxf/201912/t20191209_952914.html。

话舞台剧《女娲传奇》、举办庙会灯展等，文旅结合提升了旅游景点的知名度和美誉度，旅游富民带动了乡村振兴。

三　张庄镇宁艾村党组织引领方式

（一）理论学习，打牢地基

集体经济的发展离不开党的理论引领。宁艾村党支部积极引领全体村民开展理论学习，提升村民理论素养，对提高集体经济劳动生产率、促进集体经济体稳步发展做出重要贡献。

宁艾村充分利用"学习强国""三晋先锋""村党总支党员微信群"等平台和新时代文明实践基地、社会主义核心价值观教育基地，加强基层党员理论学习，充分发挥基层党组织战斗堡垒作用和党员先锋模范作用，带动全村各项工作的开展。在提升村民党建理论水平的同时，宁艾村党总支还推出"宁艾早安"晨读节目，内容涵盖政策解读、乡风民俗、好人好事、诗文朗诵、科普知识等各个方面，提高村民综合文化素养，改善村民精神面貌。

（二）约法三章，民主决策

宁艾村党总支为规范党员干部的办事行为，强化了组织管理，完善了工作机制，出台了《党总支议事制度》《村民代表议事制度》《村民参政议政制度》《党员干部办事规则》等。宁艾村的重点工作、重要项目、重大决策，均严格按照"六议两公开""一事一议"的程序实施。宁艾村还推行党员承诺、践诺制和党员队伍晋位升级计划，村党总支每年承诺为民办5件实事，到年底向全村百姓"交账"；承办党务、村务的责任人，要在事前做出承诺，事中认真践诺，事后述职述廉。村里成立了党员、巾帼、爱心人士等多支志愿服务队伍，帮扶孤寡老人、生活困难家庭，形成了"我为人人、人人为我"的新风尚。坚持每年开展"党员评级"、"星级文明户"及好儿女、好媳妇、好婆婆、好夫妻、好邻里等系列评选活动，挖典型、树榜样，大张旗鼓地表彰先进，让文明新风吹遍乡村。

（三）立足村情，务实发展

宁艾村立足村情实际，按照"抓党建、强班子、保稳定、促发展、重民生"的工作思路，以党建工作为核心，带动工业园区建设、特色现代农业建设、旅游业建设，促进文化体育、民生事业、环境保护、设施建设并重发展的"一核三轮、四驱发展"战略，扎实开展工作，村级管理规范有效，村民实现增收致富。多方筹集资金修缮水库、硬化道路、打造景观、建设配套基础设施，将各项工作落在细处、实处，在加快村庄规划、加强基础设施建设、改善人居环境、提升农村公共服务水平、促进农村消费等多个方面出真招，实施道路"四化"工程，环境卫生整治、饮水安全工程，居住环境建设、采煤沉陷区治理工程，大力实施农村人居环境整治，拓宽整修进村道路和南山环林区防火通道，改造硬化田间路，清理河道，还修建了公厕、污水处理池等。村里大街小巷设置了垃圾桶，配备了专职环卫队伍，负责全村垃圾清运及街道卫生清理，村里的环境变得越来越好。宁艾村还成立了太极协会、老年人协会、书画协会、戏迷协会等群团组织，在每年春节、元宵节、重阳节等节日举办文艺活动，丰富了村民的文化生活。

四 张庄镇宁艾村农村集体经济发展经验总结

宁艾村村"两委"通过"一核三轮"引领发展新型集体经济，将各项要素禀赋统一于党组织统一领导下，以党建为媒介实现了各项资源高效快速流动，是嵌入式治理在党建引领乡村集体经济发展方面的生动体现。

基层党建是宁艾村治理的核心内容，居于村集体活动的主导地位。村集体经济和公共事务是基层党建与村民频繁活动的场域。集体经济建设活动是村集体组织属性、资源属性表现的集中场域，农村社会在党建宣传的引领下，积极携带生产要素融入集体经济建设；公共事务是村集体价值属性、制度属性表现的集中场域，两种属性在党建引领下与基层党组织日渐趋同。基层党组织充分发挥龙头作用，协调公共服务、社会关系、制度供给和利益配给，嵌入乡村治理环节中最关键的经济、政治生活，引领集体经济发展，保证基层治理。

宁艾村以"一核三轮"为标志的嵌入式治理模式在党建引领新型集体经济发展上的具体经验表现为以下几个方面。

（一）上级引领，县镇党组织立足村情把脉集体经济动向

宁艾村党集体经济发展的成就与镇党委对村"两委"的战略引导息息相关。为实现乡村振兴，镇党委领导班子因地制宜，分片研判，最终提出了"四借破局，振兴经济"的发展总基调，强调"借势而为""借窝生蛋""借风下雨""借名生财"，各村可以根据自身需求选择，并加以开发实践。其中，"借窝生蛋"和"借名生财"对宁艾村集体经济发展提供了重要启示。

（二）党建核心，村党组织统一思想开展工作

宁艾村村"两委"明确农村党组织定位，坚持发挥党组织带头作用，号召村民积极学习理论知识。党员干部主动当好村民的贴心人，"既要接好'天线'，还要接好地气，学懂悟透中央、省、市的精神和各项政策，并使在村里落地生根"[1]。

"一核三轮"，这种宁艾村颇具特色的集体经济发展模式以党建为核心，可以充分发挥党领导经济建设"集中力量办大事"的优势，在党组织的带领下村民"拧成一股绳，劲往一处使"，增强了全村人民的凝聚力，减少了集体经济运作过程中的交易成本，提高了生产效率。

（三）统筹规划，三大产业在党建引领下协同发展

在产业发展中，村党组织准确把握三类产业发展走向。农

---

[1] 《不懈奋斗点亮幸福生活——张庄镇宁艾村的发展故事》，阳泉新闻网，http://new.pd.gov.cn/snzk/2021sannong/202107/t20210708_1186373.html。

业方面，稳住传统农业基本盘，大力发展新型农业；工业方面，宁艾村抓住全镇范围内大力发展紫砂壶产业东风，成立公司并大力引入技术支持帮助产业做大，充分利用镇域范围内的品牌效应与技术政策支持发展自身，完成了紫砂壶产业在本村的扎根，并借助村里固有的文化底蕴，使其在文化产业竞争中具备独特优势，是宁艾村"借窝生蛋"的成功尝试；服务业方面，宁艾村充分整合自身文化旅游资源，将莲花山风景区、女娲传说等特殊资源加以包装，形成一揽子旅游文化项目体系，并把这种优势辐射向村中的农业与工业产业，开发农业采摘、紫砂壶文化等一系列衍生项目，将旅游项目发展为大旅游产业链，盘活全村经济。

宁艾村党组织"一核三轮"发展模式注重对村民日常党建理论的培养与对集体经济引领并行，以春风化雨的方式宣传党的理论，使村民在内心深处对党建引领产生认同感。这种信任感的产生使党组织在今后的领导中遇到的阻力变得更小，真正做到党和人民站在一起，形成集体经济发展的正向循环，对乡村经济发展与基层治理起到关键作用。这种嵌入式党建引领的治理模式是综合全面的，对推动村集体经济发展和基层治理具有重要参考价值。

第十节　连横向纵：柏井镇东山村联村协作拓展经济纵深

一　柏井镇农村集体经济发展的基本情况

柏井镇位于山西省阳泉市平定县城东部，毗邻河北省石家庄市，相传韩信曾屯兵筑城于此，古名"柏井城"，沿用至今。柏井镇群山环伺，是古代通往京师的重要驿站。柏井镇村级集体经济发展以农业和旅游业为主。表2—11展示了柏井镇正在进行的集体经济项目与其所属的发展类型。

表 2—11　　　　　　　柏井镇集体经济发展项目

村名	村集体经济发展项目	村集体经济发展类型
柏井一村	连翘种植 100 亩	种植、采摘等农业项目
柏井二村	商铺出租、集体机动地发包；连翘种植	租赁土地、厂房等租赁业务；种植、采摘等农业项目
柏井三村	小杂粮加工	加工等制造业项目
柏井四村	大棚蔬菜种植	种植、采摘等农业项目
柏井五村	新建繁育母羊养殖场项目	养殖业等畜牧业项目
里牌岭村	无公害杂粮加工开发项目	加工等制造业项目
柏木井村	40 千瓦太阳能光伏发电项目	其他
张家岭村	连翘种植	种植、采摘等农业项目
袁家峪村	繁育母羊养殖项目	养殖业等畜牧业项目
固驿铺村	千亩连翘维护补栽建设项目	种植、采摘等农业项目
槐树铺村	中药材产业	种植、采摘等农业项目
甘桃驿村	无公害杂粮加工项目	加工等制造业项目
新东关村	小杂粮种植基地	种植、采摘等农业项目
东山村	鹅产品深加工；连翘深加工	养殖业等畜牧业项目；种植、采摘等农业项目；加工等制造业项目
南山村	井峪经济合作社猪场改造工程	养殖业等畜牧业项目
白灰村	白灰村连翘加工项目；北青村矿泉水生产项目工程	种植、采摘等农业项目；加工等制造业项目
乱安村	连翘园林苗木种植	种植、采摘等农业项目

资料来源：柏井镇实地调研所得。

东山村总人口 639 人，由梁家垴和将军峪村合并而成，位于柏井镇东南部，距平定县城 43 千米，[①] 耕地面积 2244 亩，属

---

① 《村情介绍回望脱贫之路，党史学习助力乡村振兴》，阳泉政府网，http://xxgk.yq.gov.cn/kxjsj/fdzdgknr/gzdt/rcgzdt/202109/t20210903_1209592.shtml。

于纯农业村。东山村地势较高，5051米明长城穿山脊而过。东山村集体经济主要由种植、养殖、旅游三大产业模块构成，在后续发展过程中，村集体经济逐渐引入了对种植、养殖产品的粗加工，延展产业链条。

东山村党支部深入贯彻落实习近平新时代中国特色社会主义思想，坚持党建对集体经济的引领，从实际村情出发，确定"123"工作思路，实现村集体经济零的突破，将产业从纯农业向加工制造、旅游业拓展。

二 柏井镇东山村农村集体经济发展模式

柏井镇东山村在2017年实现集体经济破零，同年实现整村脱贫，从纯农业村逐步转型成为以种植、养殖、旅游三大产业为支柱的以新型集体经济为主导的农村。在柏井镇的统一领导下，开展东山、南山、白灰联村党建，共同发展野生连翘种植、养殖和古长城文旅游览产业建设。

（一）农业破局，产业延展

东山村农业在集体经济发展前以玉米、大豆等传统作物种植为主。2017年后，在柏井镇的政策支持下，东山村尝试引进连翘种植，获得了较好收成。凭借邻近河北的良好地理区位，连翘药材销路稳定，充分解决了村内55岁以上村民的就业问题。

在连翘种植初见成效后，村集体决定拓展3000亩野生连翘基地，并在农业局的技术支持下开展对连翘的粗加工，拓展连翘从种植到加工的产业链条，提高产业附加值，创造更多就业机会，服务集体经济发展。连翘作为集体资产对村民创收有着重要贡献，在未来规划中，东山村将在镇党委的领导下继续发掘种植基地价值，探索在村民收入不受影响的前提下实现集体经济收益积累。

（二）创新养殖，反季生产

东山村积极开拓肉牛、肉鸡、肉鹅养殖和种蛋生产、产品深加工业务。养殖产业启动之初由各界捐赠100余万元,村支部书记王巨明个人出资300余万元,共500余万元建设养殖基地,引进禽畜。经过三年探索,养殖基地在科研项目扶持下形成了"南鹅北养"反季节种蛋鹅养殖的独到经验,在种蛋需求旺季,可以实现每个种蛋15元的收入。

东山村借助科技赋能,持续通过各养殖环节提高禽畜出肉率和禽蛋质量,新建冷库、加工车间各一处,购进卤鹅、包装、封口、称重、消毒等加工设备。在场地租赁、鹅产品深加工、鹅蛋鸡蛋生产等环节为集体经济创造价值。

(三)联村党建,文旅开发

东山村海拔较高,空气清新,景色宜人,中山国古长城贯穿其中,刘秀、韩信等历史名人在将军台留下足迹,旅游资源丰富。

东山村通过联村党建,做到与南山、白灰村文旅资源共享,共同建设、维护,协同开发,做到投入不重叠、产出都有份。因地靠娘子关,各色旅游线路途经此处,东山村建有红色革命教育基地,联村以红色文旅为契机,带动各村产业发展。

三 柏井镇东山村党组织引领方式

柏井镇东山村党组织借助政策东风吸引能人回归,开展联村党建,广泛提供公共服务,引领集体经济为民服务,辅助基层治理。

首先,开展能人回归,走出新路。阳泉市大力开展能人回归政策,东山村也从中获益。能人回归为基层党组织不断注入新鲜血液,保证党组织先进性,是基层治理充满活力的保证。村支书王巨明是东山村能人回归的代表性人物,在引领村集体经济发展中敢做先锋,发挥了开创性作用。在村集体经济起步时,王巨明书记自掏腰包为养殖场建设提供资金支持,顶住最初三年亏损压力,最终实现乡村集体经济破零,集体年收入超过15万元。

其次，通过联村党建，协同发展。村集体经济发展过程中，东山村党组织响应上级号召，积极展开联村党建组建古长城联村党委，在连翘种植、禽畜养殖、旅游开发等方面充分沟通，做到事半功倍。

最后，建设公共服务，发展为民。为了使集体经济发展红利惠及每一个村民家庭，村集体将10%的收入用于公共服务设施建设，建立服务老人的日间照料中心。在集体经济起步的情境下，党组织以村民利益为先，使村民切实享受到集体经济发展带来的收益和好处。党组织将继续扩大集体经济规模，充分协调再生产与公共服务关系。

四 柏井镇东山村集体经济发展经验总结

东山村村"两委"通过联村党建引领发展新型集体经济，实现了村村间、村企间产业融合与协同发展，是纵向与横向引领的集体经济建设的典范。东山村党组织引领下的集体经济发展经验可以总结归纳为：联村党建引领 + 产业横向延展 + 产业纵向深入。

一是党建引领，统筹联村纵横产业发展。联村党建是由柏井镇党委发起的壮大集体经济发展的"组合拳"重要手段。东山村党委与邻近两村充分联动，在农业、养殖和旅游业上协调发展，共谋乡村振兴大计。

二是横向延展，联村党建形成产业集群优势。东山村与古长城纵贯穿越的其他村落党委的联动，使各村在政策制定、项目设计上具有更多相互借鉴、参考的内容。在产业发展上，形成一定产业规模，形成产业集聚与规模效益，在原材料、人力资源、管理资源、技术资源等方面具有高度相通性，大大节约了生产成本，提高了生产效率。

三是纵向深入，完备产业链条提升产品附加值。东山村村

"两委"注重对产品价值的开发，将以外直接对原材料进行售卖的活动转变为深加工产品售卖，增加了产品的附加值，延展了产业链条。多元产业的开展与产业链的联结使村集体经济产业更加完备，抗风险能力进一步提升。柏井镇东山村党组织充分将产业进行纵横联动，广度上拓展合作伙伴，深度上开发产业链条，对其他村集体经济转型有着启示意义。

第三章　平定县农村集体经济与基础性公共服务

第一节　基础性公共服务的界定

一般来说，公共服务的涵盖范围比公共产品大，其是社会福利最大化意义上的公共产品，隐含一定的价值判断，兼具公共产品的特性。虽然关于公共服务的定义，不同学者从不同角度出发做出了不同界定，但可以达成共识的是，公共服务是具有非竞争性的，一般个人或企业并不愿意提供这类服务。农村公共服务与城市公共服务有一定的差异，一些学者认为农村的公共服务具有一定的非排他性和非竞争性，其本质是满足农村地区的农业、科技和农民生产生活的，以信息、技术或劳务等服务形式表现的农村公共产品；另一部分学者认为公共服务应该确保村民能够享受到诸如教育与福利、卫生、交通、基础设施建设等基本权益。即使不同学者提出了关于农村公共服务的不同的定义与界定，但其本质都是为了满足村民的福利需求，提升农村居民的幸福感和满足感。

提供农村公共服务的主体主要是县乡政府和村集体。过去由于大部分的村集体并不具备雄厚的资金、技术等，因此，农村公共服务的主要提供者是地方政府。地方政府在我国农村的基础水利设施建设、架桥铺路等交通设施建设、水电站设施建设等方面做出了很大成绩，为农村的发展提供了基础条件，同时一定程度上改善了农村居民的生产生活水平。随着"乡村振兴"战略的不断推进，越来越多的农村集体经济发展壮大，拥有了一定的资金实力，其支撑农村公共服务体系的能力也在不断增强。

公共服务的范围十分广泛，根据其内容与形式可以分为基础性公共服务、经济性公共服务、公共安全服务、社会性公共服务。基础性公共服务是指那些通过国家权力介入或公共资源投入，为公民及其组织提供从事生产、生活、发展和娱乐等活动需要的基础性服务。平定县以集体经济为依托，通过村庄道路硬化、水电供应、村级文化设施等基础公共设施的建设，有效增加了村民的福祉。

第二节 平定县农村集体经济支撑基础性公共服务现状

通过对平定县各村镇所提供的基础性公共服务以及各村镇村民的问卷调查结果的简述分析，我们可以发现，平定县集体经济发展对基础性公共服务的作用主要体现在卫生环境服务方面，这与平定县展开的人居环境整治行动有较大联系，但要做好村庄环境的美化绿化，并不是仅靠上级政府的命令就可以完成的，也得益于各村镇的集体经济发展。各乡镇所提供的卫生环境服务主要包括：垃圾治理、污水治理、厕所革命、拆违治乱等。具体来说，垃圾治理方面主要通过将垃圾处理外包给企业、分发分类垃圾桶、建设垃圾处理池等方式；而污水治理则通过污水管道建设将污水引至污水处理厂，防止污染水源；厕所革命亦是农村基础公共服务绕不开的一个话题，大多数的农村仍使用旱厕，旱厕气味大且不便利，平定县各乡镇通过因地制宜发展集体经济，提高了经济发展水平，乡镇不仅关注民生问题，也有足够的资金实力来改善村庄的人居生活环境，因此旱厕改水厕工程也是平定县集体经济发达村镇的必做工程；拆违治乱不仅能够促进土地资源的合理利用，也能使村镇及时发展可利用的废弃土地、房屋，将其用于集体经济发展，对于一些影响村容村貌的建筑物进行拆除，也可以美化村庄，为村集体走乡村旅游道路提供环境基础。

本课题组对平定县各乡镇进行了问卷调查。如图3—2至图3—9所示。冶西镇、锁簧镇、娘子关镇、冠山镇农村居民对本乡镇的交通基础设施满意度较高。而在水电基础设施方面，大多数受访者反映供水正常，较少出现停水现象，且大多数受访者表示所在村镇拥有水利设施，可见供水较稳定。在供电方面，大多数受访者反映所在村镇的供电正常，但仍有一小部分受访者反映所在村镇存在停电问题。在物流服务方面，绝大多数受访者反映所在村镇分布有物流点，但有相当一部分受访者反映物流点分布较稀疏。在通信服务方面，绝大多数的受访者家中有宽带设施，有相当一部分受访者家中安装了有线电视网络和WiFi设施，从问卷结果可见，当地的通信服务设施建设较为完善。在关于集体经济对基础设施的贡献程度的回答中，大部分受访者认为平定县的集体经济对交通基础设施的贡献程度最大，但认为对通信服务、物流服务方面贡献程度最高的受访者占比不高，这与平定县的集体经济的发展模式有关，其不是电商这类高度依赖通信网络与物流服务的模式。

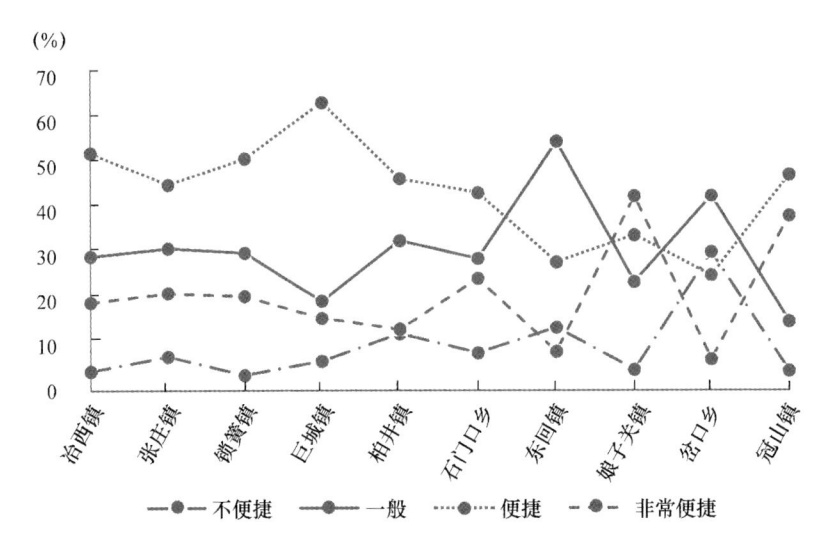

图 3—1　各乡镇居民对交通情况的满意度

资料来源：实地调研。

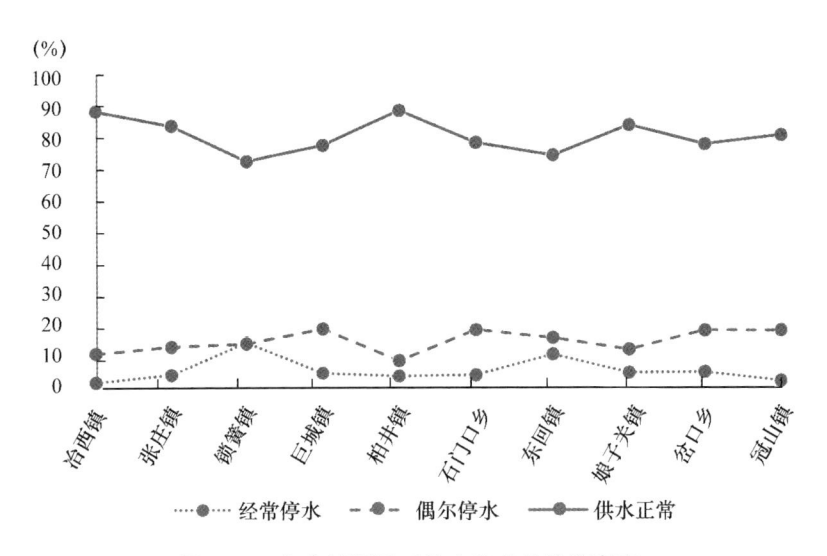

图 3—2　各乡镇居民对供水稳定性的满意度

资料来源：实地调研。

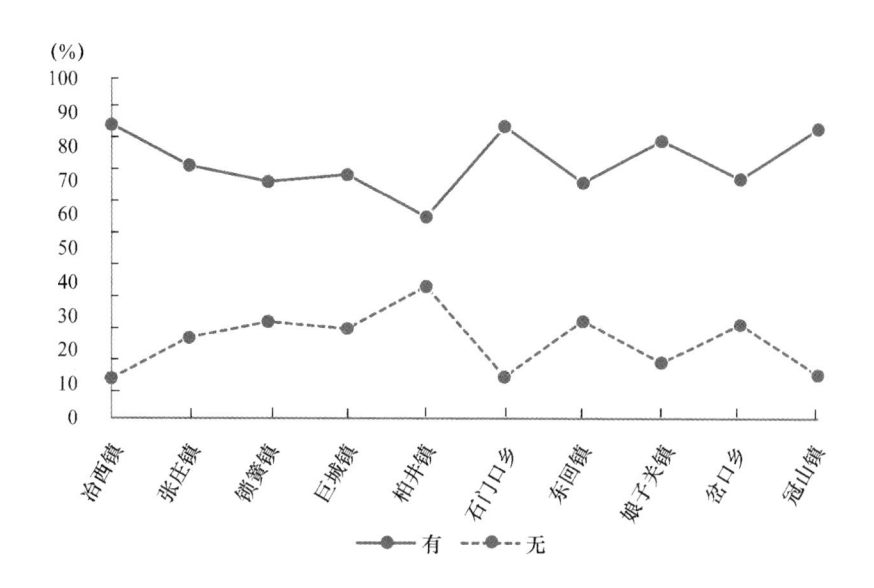

图 3—3 各乡镇居民对乡镇水利设施的了解程度

资料来源：实地调研。

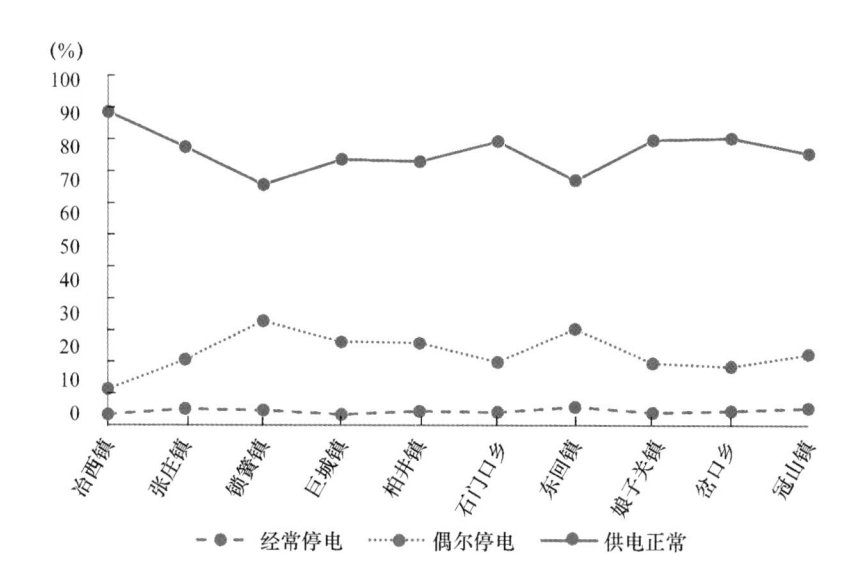

图 3—4 各乡镇居民对供电稳定性的满意度

资料来源：实地调研。

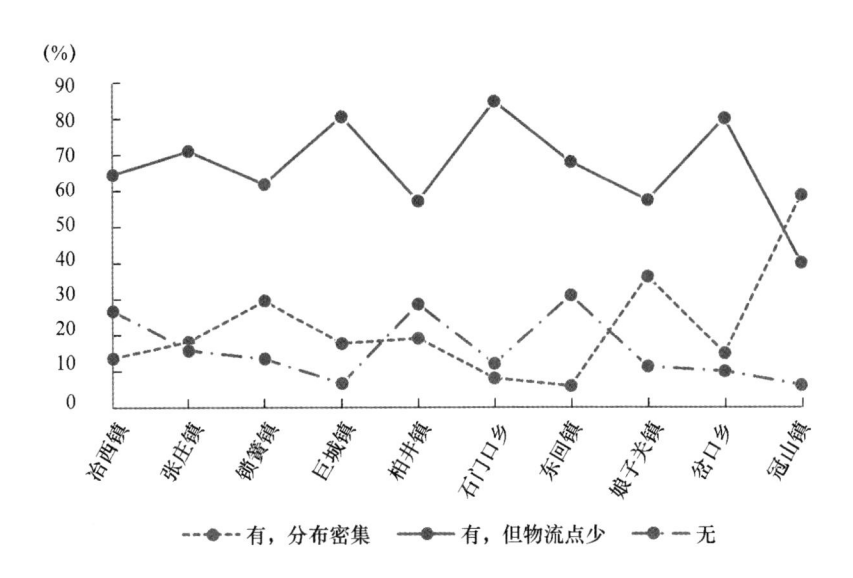

图3—5　各乡镇居民对物流服务的满意度

资料来源：实地调研。

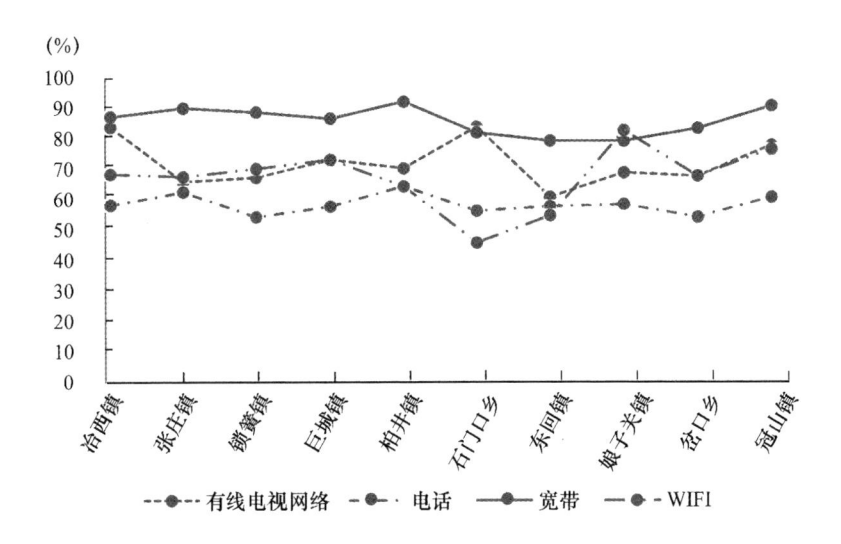

图3—6　各乡镇居民家庭通信服务覆盖率

资料来源：实地调研。

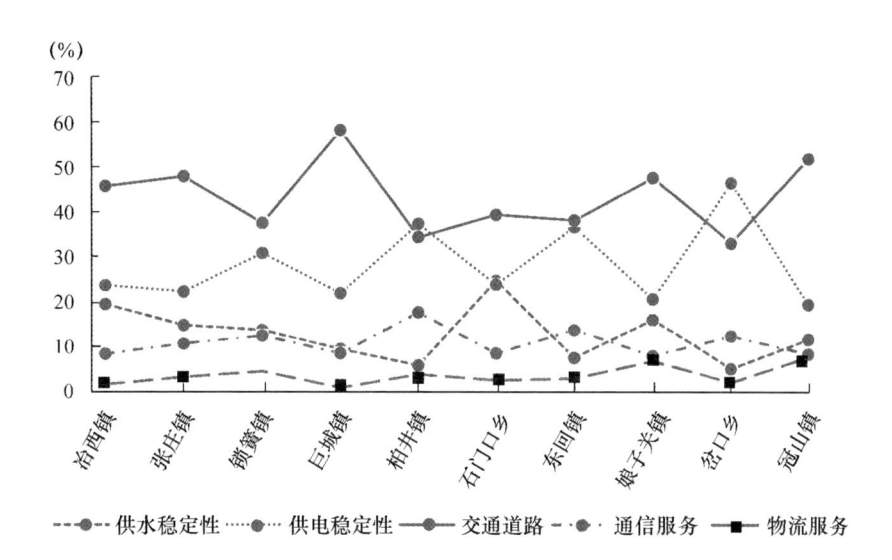

图 3—7　各乡镇居民满意度最高的基础性公共服务

资料来源：实地调研。

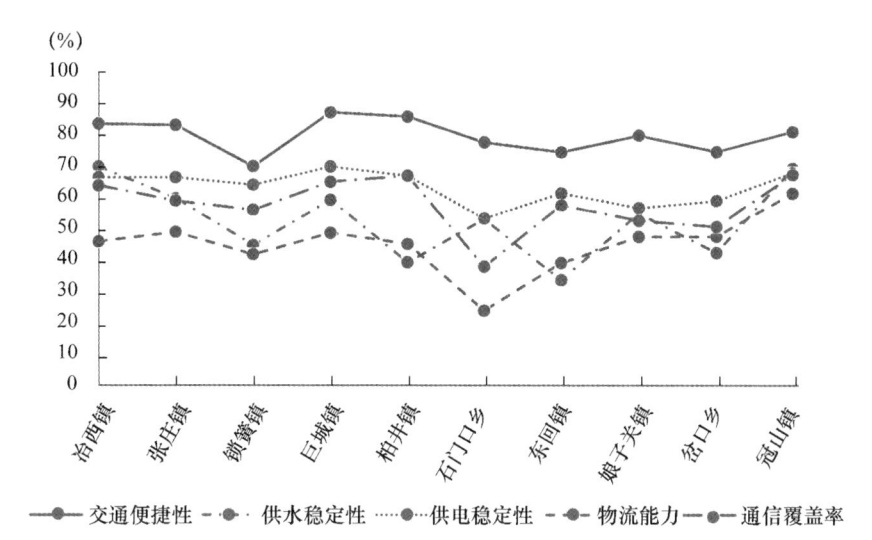

图 3—8　各乡镇居民对集体经济中各类基础性公共服务作用的认可度

资料来源：实地调研。

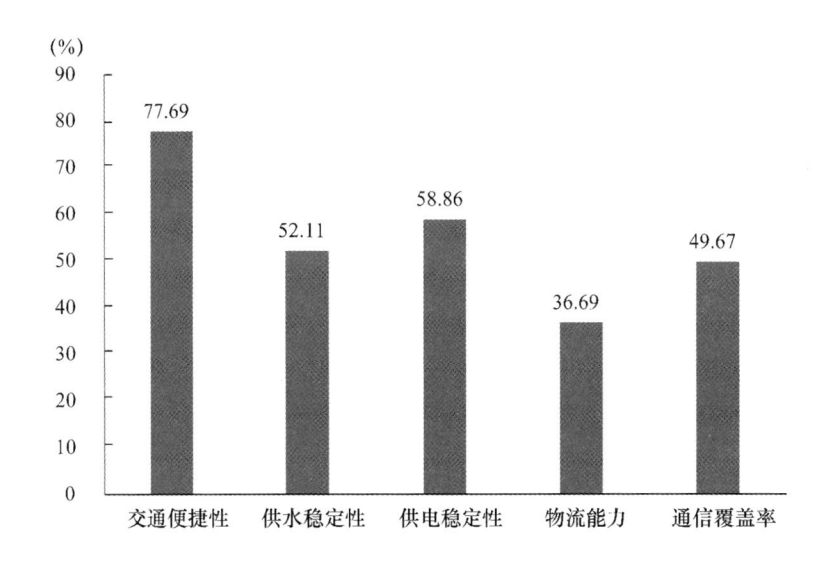

图 3—9　平定县居民对集体经济中各类基础性公共服务作用的认可度

资料来源：实地调研。

平定县集体经济发展也对平定县的交通基础设施建设产生了较大影响。平定县具有十分丰富的红色旅游资源，同时还具有优美的自然环境，这给平定县发展乡村旅游业提供了得天独厚的条件。以往平定县大部分的农村道路是土路，且很窄不易通行，而旅游业的发展对交通条件的依赖程度高，发展乡村旅游，必然需要实施道路硬化和扩宽工程、观光旅游公路修建工程，这不仅可为旅游业发展提供基础条件，也可为农产品运输、村民交通出行提供便利，如图 3—9 所示，问卷调查的结果确实也显示：77.69% 的受访者赞同集体经济发展提升了乡镇交通服务水平。

山西一直以来都是煤炭大省，其大气污染问题也十分严峻，平定县的集体经济逐步摆脱了单一能源带动集体经济发展的模式，选择发展旅游业、高新技术产业、农业，这种可持续发展模式也使村集体更加关注村庄的能源使用问题。可以看到的是，在平定县集体经济发达的村庄，都在加快建设高低压线路，为村庄供电稳定提供基础设施保障，并施行或正在准备施行"煤改气""煤改电"工程,这对改善当地的空气质量、稳定当地电气供应具有积极意义。平定县各乡镇在电力方面所做出的努力确实得到了大部分村民的认可,如图3—9所示,58.86%的受访者认为集体经济发展对供电稳定性有一定贡献。同时,由于地理位置和气候条件,部分村镇存在水源紧张的问题。水是生命之源。缺乏水源的地方,经济也相对薄弱,而通过发展集体经济,凝聚了人心与力量,那些曾存在缺水问题却将集体经济发展得如火如荼的村庄都通过集体经济的发展,建设了水利设施,通过掘井等工程缓解了用水紧张的问题,保障了村庄的用水稳定,如图3—9所示,在我们所收集的2000多份问卷中,52.11%的受访者认可集体经济对供水稳定性存在一定贡献。

但在物流服务方面,平定县的各行政村仍存在改进空间,如图3—9所示,所有问卷中,只有36.69%的受访者认为所在乡镇的集体经济发展带动了物流水平的提升。且除了县城所在乡镇以及锁簧镇,其余村镇的物流服务点仍较少,这可能与当地集体经济的发展定位有关。例如锁簧镇是工业镇,每天有大量货物和原材料需要运输,因此物流点分布多且密集;而依托旅游业发展集体经济的乡镇则将更多的资金、资源用于交通道路、环境、旅游基础设施的建设过程中。但是,需要注意的是,诸如东回镇与柏井镇这类的纯农业乡镇,物流服务相关设施建设仍是十分重要的,农产品的一大特性便是时效性,便利的物流服务能够扩宽当地特色农产品市场,打通销路,使当地特色农产品的销售市场不再局限于周围县市。

一 冠山镇农村集体经济支撑基础性公共服务现状

冠山镇是平定县城所在地,也是中部六省经济百强乡镇。得益于得天独厚的区位优势以及便利的交通条件,冠山镇的工业发展好,各村镇的集体经济发展态势佳。鹊山村在平定与阳泉的交界处,村庄原本的发展依赖于矿产开发,矿产开发虽然促进了经济发展，但也破坏了环境，因此在2017年鹊山村进行了整体易地搬迁。易地搬迁后，新区配套完善了水电气暖设施、网络通信设施、交通道路设施，各项基础设施十分完善，水电供应充足且稳定；不仅如此，易地搬迁后的鹊山村还设立了社区管理服务中心、文化活动广场、卫生保健室、老年日间照料中心等，极大地提高了基础性公共服务水平。

二 冶西镇农村集体经济支撑基础性公共服务现状

平定县冶西镇拥有丰富的森林资源和水利资源以及特色旅游资源，南川、中川、北川三条季节性河流流经该镇，其镇内的尚怡水库、原坪水库是平定县工业和生活的重要水源。冶西镇一直以来依靠"党建红"和"环境绿"不断加强乡镇集体经济发展，不仅改善了乡镇村民的经济水平，也推动了乡镇基础性公共服务水平的不断提升。冶西镇从2020年以来对北川、中川、南川的34个村组集中开展了垃圾清理、厕所改革、河道清理、污水排放等专项整治，规范设立了垃圾点44个、改厕200座；同时为了进一步保障村镇居民的水电气供应，冶西镇根据各村实际情况实施了"煤改气""煤改电""煤改醇"等工作，清洁能源实现了全镇覆盖。

里三村是在2021年由端岭村、赵家村、孟家村合并而成的，其依托优美的生态环境和丰富的红色文化为本村的集体经济发展带来了机遇，通过深挖"红+绿"资源，里三村的集体经济发展起来了，其各项基础性公共服务水平也不断提升，人居环境得到很大改善。在三村还未合并时，赵家村依托红色资源带动了集体经济发展，在建设平西革命根据地纪念馆的同时，硬化了入村道路2000米，美化挡墙300米，绿化广场1500平方米，修建了停车场1000平方米，并建设了凉亭、健康步道、标识牌、秀水桥等。孟家村通过发展艾草种植发展集体经济，为了发展艾草这一特色种植产业，村集体整修了供水管网、排水管网、入村挡墙，同时在村南栽种了花草800平方米，一方面促进了集体经济发展，另一方面改善了农村人居环境，促进了基础性公共服务发展。

为了进一步发展集体经济，打造集文旅、康养、宜居、产业为一体的美丽新农村，里三村不断推进旱厕改造工程，加大粪污治理，投资建设新式公共厕所，同时投资进行污水管网改造；同时考虑到村里蓬勃发展的艾草种植产业，里三村开展了河道修整、清淤、维修工程以及护村坝修筑工程，为特色农业发展夯实基础；旅游资源的开发离不开交通设施的改善，里三村借助集体经济的发展加大了街巷硬化、路灯建设的投资；同时，里三村在"村庄美化"方面也下足了功夫，不仅加快了村内沿河、公路两侧绿化带整治工程，并对村庄公路路沿石砌筑进行修整，对村庄建筑墙体进行了整体布展。

截至2022年9月3日，本课题组收到了117份来自冶西镇农村居民的问卷，如图3—1至图3—8所示，冶西镇村民对冶西镇的基础交通设施满意度较高，有70%左右的村民认为所在乡镇交通便捷，而认为交通便捷程度有待提升的村民约占3%。在水电供应方面，村民的满意程度也十分高，在117份问卷中，104份问卷都显示冶西镇的供水正常，且102份问卷表示冶西镇配备有水利设施，供水稳定；107份问卷显示冶西镇的供电正常，乡镇不常出现停电现象，供电稳定。在物流服务方面，只有11%的调研对象认为冶西镇的物流点密集，甚至一些调研对象反映所在地没有物流点，物流快递是目前农产品运输的重要运输工具，冶西镇的多数乡镇都依赖农业发展集体经济，冶西镇物流方面的基础服务仍需不断改进；在通信服务方面，由于我国通信基础建设的不断推进，家中拥有宽带、有线电视网络的调研对象均占80%以上，可见冶西镇各村的信息通信条件较为健全，村民获取农业生产信息较为便利，信息获取渠道较为通畅。同时，大部分受访者认为所在乡镇的集体经济发展对交通道路建设的贡献最大，其占比超45%。且超60%的受访者认为集体经济发展对供电稳定性、供水稳定性、通信覆盖率具有一定贡献，但只有45%左右的受访者认为集体经济发展对乡镇的物流能力提升有贡献。

三 巨城镇农村集体经济支撑基础性公共服务现状

巨城镇是平定县的工业重镇，其在撤乡设镇后，充分剖析自身的产业发展方向和产业优势，不断发展本镇经济。近年来，龙庄村加入了由半沟村为龙头组建的半沟村丰兴红薯种植专业合作社，同时发展了生猪养殖业等，集体经济得到发展壮大。有了发展底气后，龙庄村也开始紧锣密鼓开展基础设施建设与改造工程，不仅建设了纯净水站，为村民提供免费纯净水，还不断推进"煤改气"工程、旱厕改造工程，在村里集中建设垃圾池、安装放置垃圾桶等，美化了村容村貌；此外，移动、电信、网通、广电覆盖全村，为村民使用网络提供了基础的通信设施。龙庄镇公共服务的发展是巨城镇公共服务发展的一个典型代表。

截至2022年9月3日，本课题组收到了105份来自巨城镇农村居民的问卷，如图3—1至图3—8所示，大部分的受访者对巨城镇的交通水平较为满意，约有77%的受访者认为所在村镇的交通便捷，仅有5%左右的受访者认为所在村镇的交通不便。在水电供应方面，超77%的受访者认为所在乡镇的供水稳定，虽然仍有18%左右的受访者反映存在偶尔停水现象，但总体来看，占比较小，且超73%的受访者表示所在村镇建设有水利设施，可知巨城镇的供水状况稳定。在电力供应方面，约78%的受访者认为所在乡镇的供电正常，虽有约22%的受访者表示偶尔有停电现象，但没有受访者反馈所在村镇存在经常停电的问题，巨城镇是唯一一个没有受访者反馈存在经常停电现象的乡镇。在物流设施方面，有超80%的受访者反馈所在村镇虽有物流点，但物流点分布少，作为红薯产业十分发达的乡镇，巨城镇若想进一步打开红薯市场，需要借由电商渠道，而物流服务是地区电商发展的关键基础，因此乡镇进一步建设、增设物流服务点势在必行。另一个关乎扩大红薯市场的公共服务是通信服务，拥有稳定、快捷的信息渠道，这对市场中的供给者十分重要，在这 105 份问卷中，有超 86% 的受访者家中安装有宽带，且有超 73% 的受访者家中安装了有线电视网络和 WiFi 设施，村民获取外界信息的渠道通畅。大部分的巨城镇受访者认为集体经济对本乡镇的交通便捷性与供电稳定性存在贡献，持此观点的受访者占比分别为 86% 与 69%；与其他村镇类似，大部分的受访者并不认为集体经济发展提升了本乡镇的物流能力，这可能与巨城镇的农产品销售市场有限有关。

四 张庄镇农村集体经济支撑基础性公共服务现状

平定县张庄镇是平定县的工业重镇、农业大镇，其 35 个行政村依托产业推动村集体经济发展，各村从本村实际出发，厘清发展强项，抓住发展机遇，在集体经济蓬勃发展的同时，积极开展了农村人居环境整治活动，不仅改善了村容村貌，为乡村旅游发展提供了环境条件，更提升了农村基础公共服务水平。

张庄镇西城村以村为体，重点开展了垃圾治理、污水治理、厕所革命、违建拆除、治理乱象等专项活动。为了改善村民的生活环境，西城村积极开展了旱厕改造活动，修建了 110 多个封闭式污水坑和 80 多个封闭式粪水池，改变了村民以往如厕"冬冷夏臭"的问题，同时，西城村不断延伸污水管网的铺设面积，不断推进污水治理，实现了粪水、污水、天水"三水分离"。同时，村里引进了保洁公司，负责村里的日常清洁与垃圾清运，而且每家每户都安装了两个分类垃圾桶，随处可见的"垃圾堆"消失了，极大改善了村庄人居卫生环境。同时，西城村重点整治了阳胜河河道，清理了河道里的大量淤泥、垃圾，并修建了新桥连接田间路与村庄主干,改善了村民农业生产的交通基础条件。以往西城村的村民做饭取暖都得和泥打炭,十分不便,发展村集体经济后,实行了"煤改气",家家户户不需要再烧煤取暖,极大地便利了生活。

截至2022年9月3日,本课题组收到了121份来自张庄镇农村居民的问卷,如图3—1至图3—8所示,超60%的受访者认为张庄镇的交通便捷,相比冠山镇和冶西镇,张庄镇的交通便捷度处于相对落后的水平。在水电基础设施方面,超84%的受访者反映供水正常,仅有12%左右的受访者反映偶尔存在停水问题,可见张庄镇的供水较为稳定,这有助于当地的农业、工业发展,同时有超75%的受访者反映本地配备有水利设施。关于张庄镇的供电情况,超80%的受访者反馈供电正常,16%左右的受访者反馈偶尔存在停电现象,但总体来看,张庄镇的供电较为稳定。在物流服务方面,虽然有86%以上的受访者反映所在乡镇有物流点,但70%的受访者认为物流点少、便利程度低,本调研组认为这是张庄镇尚存在改进空间的基础性公共服务领域。在通信服务方面,超90%的受访者家中拥有宽带,近70%的受访者家中拥有WiFi设施和有线电视网络,可见张庄镇的宽带网络覆盖较全,村民信息获取渠道较通畅。与冠山镇和冶西镇相似,近50%的张庄镇受访者认为集体经济对交通便捷性的贡献程度最高,排名第二、第三的依次是供电稳定性和供水稳定性。

五 锁簧镇农村集体经济支撑基础性公共服务现状

与张庄镇类似,锁簧镇拥有非常便利的交通条件,镇内商贸物流发达,其农村集体经济的发展主要依托于资源优势和良好的招商环境,该地并没有足够且高质量的土地资源,因此其集体经济发展多依赖于旅游业与工业发展。为了不断优化人居环境,锁簧镇一方面积极推进农村公路建设,在2019年底就基本完成了谷头至西峪、谷头至梨林头、东白岸至泉水头等路建设，而且锁簧镇在2017年就实现了行政村公交全覆盖，群众出行便捷、安全；另一方面不断推进水利设施建设，并不断改善农村的饮水条件，通过铺设管道，解决了许多存在的人畜饮水问题。在优化营商环境方面，锁簧镇不断推进国境双回路高压线假设工程，保障村镇供电充足；应急水源管道的铺设也正紧锣密鼓地进行，压缩天然气输气管道主线在全镇贯通，煤气入镇工程持续进行，农村的道路建设实现了公路硬化的全覆盖，同时，锁簧镇在物流服务方面也有所发展，该镇利用历史遗留的工矿用地，通过土地出让的方式开发了集仓储、物流、运输为一体的综合物流园，建设各类货物类型自由集散的综合服务枢纽，这些基础性公共服务的不断完善得益于村集体经济的蓬勃发展。

截至2022年9月3日，本课题组收到了238份来自锁簧镇农村居民的问卷，如图3—1至图3—8所示，在关于交通便捷度方面，近79%的受访者认为锁簧镇的交通便利，仅有1%左右的受访者认为锁簧镇的交通存在不便捷问题。在水利设施、供水稳定性方面，超70%的受访者反映供水正常，虽然还存在13%的受访者反映乡镇偶尔存在停水现象，但总体而言，锁簧镇的供水较为稳定，且71%的受访者反馈所在村镇拥有水利设施。在供电稳定性方面，超70%的受访者表示所在村镇的供电正常，只有1%的受访者反映所在村镇存在经常停电问题，总体而言，锁簧镇的供电稳定。与前述几个乡镇类似，在物流服务方面，大多受访者认为所在村镇虽然有物流点，但是分布较少，物流不便利，有超10%的受访者表示所在乡镇没有物流点，这不利于锁簧镇之后发展电商行业。在通信设施方面，锁簧镇的宽带网络覆盖较全面，有近90%的受访者家中安装有宽带，有线电视网络和WiFi这类通信设施在锁簧镇的覆盖率也较高，超过70%的受访者家中都有这类通信设施。与前面几个乡镇的问卷结果不同的是，认为集体经济对供电稳定性的贡献程度最高的受访者与认为集体经济对交通道路的贡献程度最高的受访者比例皆超过30%，虽然选择交通道路的受访者比例相对较高，但总体来看，两者差别并不大。虽然锁簧镇开发了综合物流园，但是只有4%左右的受访者认为集体经济对物流服务的贡献程度最高，且只有40%左右的受访者认为集体经济发展对物流能力存在正向作用。

六 东回镇农村集体经济支撑基础性公共服务现状

不同于锁簧镇拥有较好的营商环境与工业发展条件，东回镇是典型的纯农业乡镇，但其红色资源星罗棋布，七亘村集体经济的发展壮大就得益于"红+绿"，即红色旅游+绿色发展。过去，七亘村的经济发展水平差，基础性公共服务水平低，首先便体现在供水不稳定上，村民喝水还得依赖旱井，但在2019年11月，村"两委"聘请了专业打井队，在成功打井后，迅速地铺设了管网，建设了17个取水点，为七亘村的用水提供了保障。同时，为了用好红色旅游资源，七亘村不断推进道路硬化、太阳能路灯建设、旱厕改造、垃圾处理、废弃畜禽圈舍、危旧房屋清理等工作；同时积极修建桥梁，扩宽道路，开通农村公交客运服务，不断扩宽宽带网络覆盖面积，不仅使游客感受到了七亘村的现代化，也让村民扎扎实实感受到了新生活的便利。

截至2022年9月3日，本课题组收到了130份来自东回镇农村居民的问卷，如图3—1至图3—8所示，仅有34%的受访者认为所在村镇的交通便利，超50%的受访者认为所在乡镇的交通便捷度一般，甚至有超10%的受访者认为交通困难，我们通过资料调查得知，东回镇地处偏远地区，且为纯农业乡镇，经济薄弱，甚至存在缺水问题，因此，当地在发展集体经济后，首要解决的是人们生产生活的用水问题，而对交通基础设施方面的建设可能有一定程度的搁置。在供水问题上，超74%的受访者认为所在村镇的供水稳定，仅有15%左右的受访者反映存在偶尔停水的问题，超70%的受访者反映所在村镇配备有水利设施，可见，通过乡镇在取水、供水设施方面的建设开发，东回镇的缺水问题已经大致解决，东回镇供水能满足乡镇居民的生产生活。在供电稳定性方面，超70%的受访者认为所在村镇供电稳定，只有26%左右的受访者反馈存在偶尔停电现象，这类受访者占比较少，总体而言，东回镇的供电较为稳定。在物流服务方面，虽然有超70%的受访者反映所在村镇有物流服务点，但其中有67%的受访者反馈物流点少，而且有近30%的受访者反映所在村镇没有物流点，这不利于村民提高生活水平。在通信设施方面，近80%的受访者家中安装有宽带，可见东回镇的宽带覆盖面积较广，不过东回镇村民的有线电视网络与WiFi安装率与其他乡镇相比较低。关于集体经济发展对基础性公共服务的贡献方面，大部分受访者认为主要体现在供电稳定性与交通便捷性、通信覆盖率方面，仅有33%左右的受访者认为集体经济发展对供水稳定性方面存在贡献，然而我们从其他资料中可以得知，东回镇曾存在供水不稳定问题，通过发展集体经济，东回镇的村干部们带领村民们通过挖水井、铺设供水管道等方式，解决了部分区域水源紧张这一难题，我们调研组在思考这一问题时，认为可能由于水资源本就与气候、地理位置等非可抗力挂钩，因此村"两委"与村干部若欲攻破这一难题也会受限于自然条件，而交通道路方面的服务水平提升则与资金等方面的投入关系更密切，因此在集体经济获得发展后，乡镇想要改善交通、供电、通信网络方面的基础服务是较便利的，但是供水方面的难题要解决，却需要更多资金、技术、时间的投入，周期更长。

七　柏井镇农村集体经济支撑基础性公共服务现状

同样存在缺水难题的还有柏井镇，而供水稳定是集体经济发展的关键一环，柏井镇通过提引水工程，解决了一直存在于南山片区村庄的缺水问题。同时，柏井镇也同样地处边远、经济薄弱，各村的基础性公共服务水平相对落后，乡镇在发展集体经济的同时，通过建水窖、修路、架设高、低压线路，解决了村庄的水电、交通问题。目前，柏井村的旱厕改水厕、煤改气、煤改电等工程仍在试点过程中。

截至2022年9月3日，本课题组收到了101份来自柏井镇农村居民的问卷，如图3—1至图3—8所示，有57%的受访者认为所在村镇的交通较为便捷，超30%的受访者认为所在村镇交通便捷程度一般，仅有11%的受访者认为柏井镇交通不便，总体来看，虽然柏井镇和东回镇一样，存在交通基础设施较为落后的现象，但其交通便捷程度与东回镇相比较高。在供水方面，超89%的受访者表示所在村镇的供水正常，只有8%的受访者反映村镇偶尔存在停水现象，且这部分受访者所占比例较小，不过在水利设施方面，只有60%的受访者表示所在村镇配备有水利设施。在供电方面，77%的受访者表示所在村镇的供电正常，但有23%的受访者表示所在村镇供电不稳定，存在停电问题。在物流服务方面，与上述其他乡镇相同，柏井镇也存在着虽有物流点，但物流点分布少的问题，对村民的生产生活便利程度有一定影响。在通信服务方面，超90%的受访者都表示家中安装有宽带，约70%的受访者表示家中已安装有线电视网络，同时WiFi与电话的安装率也超60%，可知柏井镇的通信服务水平较高。与锁簧镇类似，柏井镇的受访者认为集体经济对供电稳定性和交通便捷性的贡献最大，持此观点的受访者比例超过30%；同时，值得关注的一点是，认为集体经济对供水稳定性贡献最大的受访者仅占4%，认为集体经济对供水稳定性存在贡献的受访者占比不足40%，这与东回镇的问卷结果类似，而从其他资料中，我们得知柏井镇为发展集体经济在供水方面做出了较多努力，提饮水工程、建水窖等都是解决居民饮用水问题的良方，本调研组认为原因可能与东回镇相似。

八 岔口乡农村集体经济支撑基础性公共服务现状

岔口乡与东回镇、柏井镇类似，地处偏远，为纯农业乡镇，各项乡村基础设施和基本公共服务发展都较为滞后。通过发展集体经济，岔口乡加快建设基础设施，培育发展新产业，不断提升基础性公共服务水平。在这方面的典型为甘泉井村，甘泉井村通过发展大棚蔬菜种植产业、蛋鸡养殖产业等逐步壮大了村集体经济，村民生活水平也不断提升。甘泉井村地处偏远，在十几年前曾是一个无矿产、无企业且缺水、交通不便、"空心化"严重的小村庄，2003年在新上任村干部的带领下，甘泉井村开始发展蔬菜大棚、蛋鸡养殖产业，集体经济不断壮大，村里的基础性公共服务水平也不断提升。在水利设施方面，虽然甘泉井村拥有水质佳的地表水井，但是供水量不足以支撑村里四季用水与农业用水，为了解决这一问题，甘泉井村村委带领村民打了深井，并在之后陆续建成了三个5000立方米的蓄水池与一座高压水塔，在全村接通了自来水，保障村庄四季用水。同时为了改变村庄交通不便的现状，村委通过组织村民出钱出力，硬化通村道路与修建盘山公路。为了丰富村民的文化生活，村集体新建了几千平方米的文化广场和村级活动场所，设立了村民书屋与老年日间照料中心，并为村民免费安装数字电视，办理局域网，丰富了村民的精神文化生活。在人居环境方面，通过不断发展的集体经济，甘泉井村全面完成了天然气入户，并新建了公共浴室和垃圾集中投放点，积极推进"厕所革命"，新建水厕并全面完成户改厕，修建了污水处理池并实施了生活污水收集治理，极大改善了村民的生活质量。

截至2022年9月3日，本课题组收到了96份来自岔口乡农村居民的问卷，如图3—1至图3—8所示，问卷的部分结果与东回镇、柏井镇类似，例如交通方面，不足30%的受访者认为所在村镇拥有较好的交通条件，且约30%的受访者认为所在村镇的交通不便，存在较大改进空间。在水电方面，超78%的受访者认为所在村镇的供水稳定正常，仅有约17%的受访者反映存在偶尔停水现象，且超70%的受访者反映所在村镇设有水利设施，这对岔口乡的供水稳定性也有一定作用；同时超84%的受访者认为所在乡镇的供电正常，仅有约15%的受访者反馈供电不稳定，即存在停电现象，可见，岔口乡的水电供应相对稳定。在物流服务方面，超90%的受访者反映所在村镇设有物流点，但超80%的受访者反馈村镇存在物流点分布少的问题。在通信服务方面，超83%的受访者家中设有宽带，且超67%的受访者家中安装了有线电视网络与WiFi，可知岔口乡的通信网络覆盖率较高。与平定县的其他乡镇相同，大部分岔口乡的受访者认为本乡镇集体经济发展对交通便捷性与供电稳定性存在贡献，占比分别为73%与58%。同时，岔口乡的问卷结果与东回镇、柏井镇类似，认为集体经济发展对供水稳定性存在贡献的受访者占比最少，仅为41%。

九 娘子关镇农村集体经济支撑基础性公共服务现状

娘子关镇通过强化党建引领，以"旅游+"发展战略不断壮大集体经济，同时也改善了村容村貌，提高了村民的生活质量。最为典型的行政村为处在娘子关景区内的娘子关村。在环境卫生方面，娘子关村设立了几十处定点垃圾池和垃圾桶，并同步配备了垃圾清运车与洒水车，将原本散落在村庄各处的垃圾集中运至垃圾填埋场进行处理，同时为了解决村庄的污水问题，娘子关村在2018年实施了污水管网工程，在2019年实施了旱厕改造工程。随着集体经济不断壮大，娘子关村的自来水入户、煤改电、污水管网改造、街道亮化等工程也不断推进。娘子关村的变化是娘子关镇基础性公共服务水平提升的一个缩影。

截至 2022 年 9 月 3 日，本课题组收到了 174 份来自娘子关镇农村居民的问卷，如图 3—1 至图 3—8 所示，超 70% 的受访者认为所在村镇交通便捷，虽然有约 22% 的受访者认为交通便捷度一般，但认为娘子关镇交通不便的受访者仅占全部受访者的约 3%。在水电供应方面，超 84% 的受访者认为所在村镇供水正常，仅有约 11% 的受访者认为所在乡镇偶尔存在停水现象，且超 83% 的受访者反馈所在村镇设有水利设施，总体来看，娘子关镇的供水稳定正常；大部分的受访者反映所在村镇的供电正常，其占比约为 84%，其余 16% 的受访者反映所在村镇虽然偶尔有停电现象，但次数较少。在物流服务方面，娘子关镇是除冠山镇外，受访者的反馈最佳的，有约 35% 的受访者反映所在村镇设有物流点，且物流点密集；虽然仍有 56% 的受访者认为所在村镇的物流点少，但总体来看，娘子关镇的物流服务水平在平定县仍是相对较高水平。在通信服务方面，超 82% 的娘子关镇受访者家中安装有 WiFi 网络，约 79% 的受访者家中安装有宽带网络。关于集体经济对基础设施的贡献程度方面，大部分受访者认为，所在乡镇的集体经济对交通设施的贡献最大，占比约 48%，而将近 50% 的受访者认为集体经济对乡镇的物流能力提升不存在贡献，这与娘子关镇依托"旅游+"的模式发展集体经济相关，旅游经济与交通的联系最为紧密，而物流与商品运输的联系较为紧密。

十　石门口乡农村集体经济支撑基础性公共服务现状

石门口乡紧邻高速公路和发电厂，交通便利，能源充足，通过集体自主发展、合作带动、招商引资三种模式不断发展壮大集体经济。徐峪沟村集体通过成立合作社、发展特色农业来发展集体经济，发展底气足了，就有精力和能力来不断提升村庄的基础性公共服务水平。在环境卫生方面，徐峪沟村通过集中清运陈旧垃圾，购置与建设垃圾桶、垃圾池，加大街道清扫力度，提升了村庄的整洁度。同时石门口乡本着"路通到哪里，风景就眼延伸到哪里"的思路，不断地提升乡镇的基础设施建设，包括清洁取暖改造、农村水源面源污染治理等。

　　截至 2022 年 9 月 3 日，本课题组收到了 902 份来自石门口乡农村居民的问卷，如图 3—1 至图 3—8 所示，超 65% 的受访者认为所在村镇拥有较便捷的交通条件，仅有 6% 左右的受访者认为所在村镇的交通状况仍需改进。与其他村镇类似，大部分石门口乡的受访者认为所在村镇的水电供应正常，其比例超 78%，且超 87% 的受访者反映所在村镇建设有水利设施。在物流服务方面，约 90% 的受访者反馈所在村镇设有物流点，但超 85% 的受访者反馈物流点分布少。超 80% 的受访者家中安装有宽带与有线电视网络，但仅有 45% 的受访者家中安装有 WiFi，可知石门口乡的互联网普及率仍有待提升。石门口乡的大部分受访者认为本村镇的集体经济发展对交通便捷性的贡献度最高，占比约为 40%；其次是供水稳定性与供电稳定性，占比分别为 25% 与 24%，仅有 23% 左右的受访者认为集体经济发展对乡镇的物流能力有贡献。

第四章 平定县农村集体经济与经济性公共服务

第一节 经济性公共服务的定义

经济性公共服务是指通过国家权力介入或公共资源投入，为公民及其组织即企业从事经济发展活动所提供的各种服务，如科技推广、咨询服务以及政策性信贷等。平定县坚持产业带动，整合乡村的各项资源，为各村镇的集体经济夯实发展基础，同时支持村集体在取得发展成果后围绕农业生产与农民需求提供农资供应、技术指导等生产性服务以及劳务输出、信息指导、产权流转交易代办等中介服务。

现代农业的发展扩大了高新科技在农业中的应用范围，平定县借助丰富的特色农业资源，抓住省校合作这一契机，高效推进品牌农产品的发展。而在这一过程中，农业种植技术等方向的培训就成为农民需求较高的经济性公共服务。集体经济的发展增强了乡镇财力，从而拥有足够资金邀请农业专家、高校教师到当地开展农业科技培训工作。

第二节 平定县农村集体经济支撑经济性公共服务现状

总体来看，平定县各镇集体经济壮大主要依赖红色资源、绿色生态、物业管理、服务创收。在各乡镇所提供的经济性公共服务中，最主要的是针对农民的种植技术培训服务。在我们收集的2000多份针对平定县农民的调查问卷中，有约46%的受访者参与过种植技术培训活动，虽然同为技术方面的服务，但是仅有约8%的受访者反映自己所处乡镇曾组织过校地科技合作。而虽然有约超半数的平定县受访者了解过乡镇的金融信贷服务，但真正使用过这类服务的受访者较少。虽然仍有超半数的受访者认为乡镇的集体经济发展为村民改善经济条件提供了帮助，但是仍有一小部分受访者持保留意见，相当比例的受访者表示不清楚。

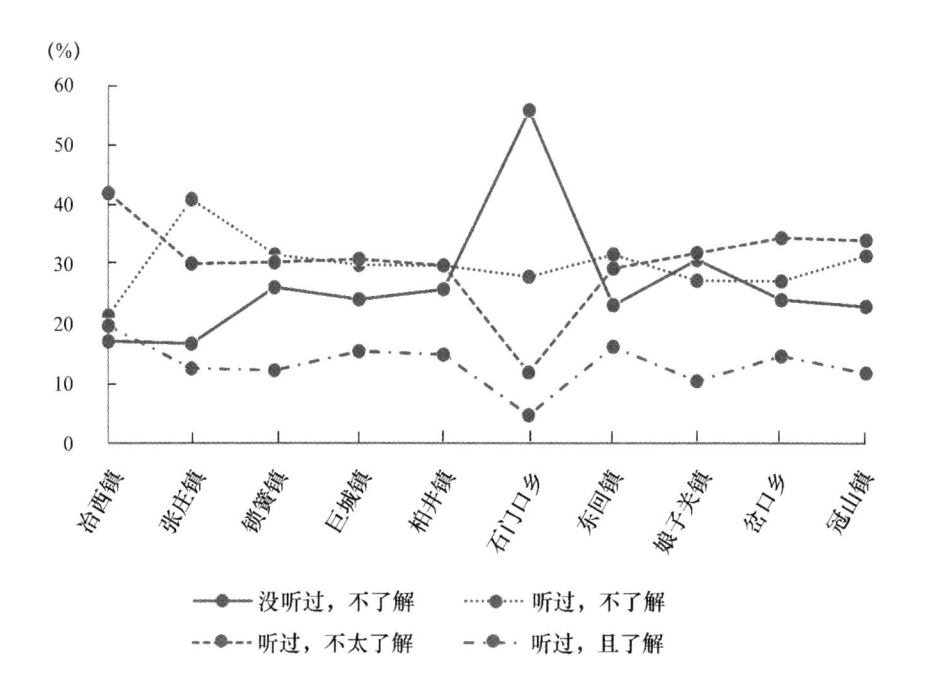

图4—1 各乡镇居民对金融信贷服务的了解度

资料来源：实地调研。

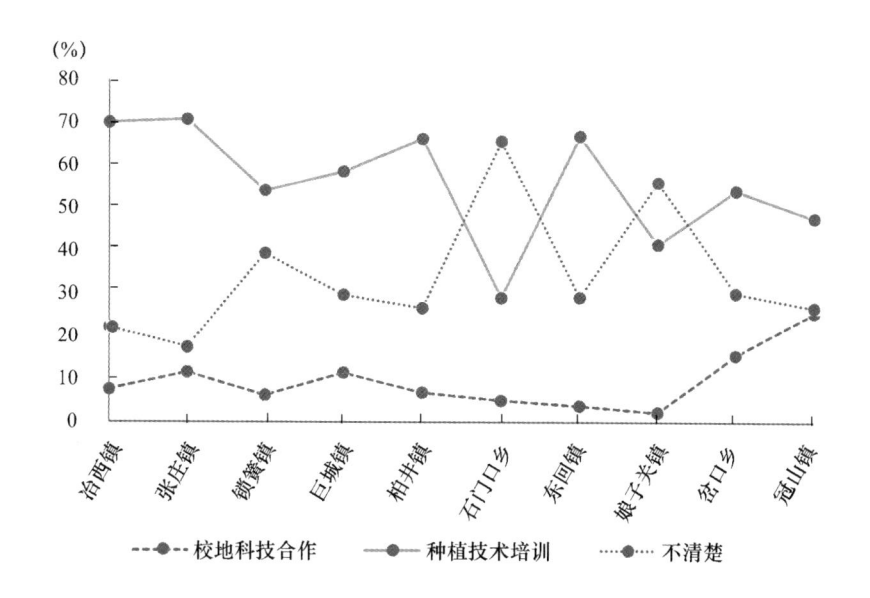

图 4—2 各类技术培训服务在各乡镇居民中的普及度

资料来源：实地调研。

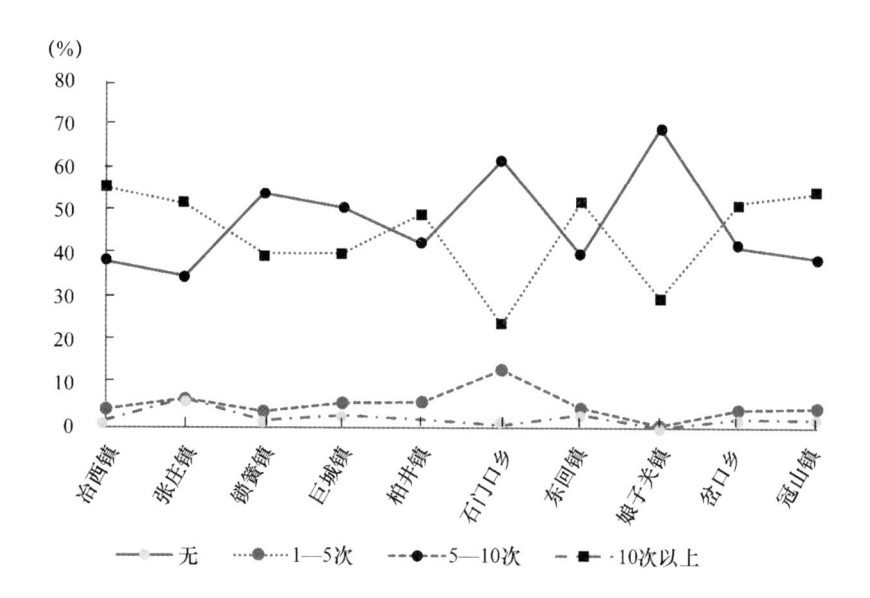

图 4—3 各乡镇居民参与技术培训服务的频率

资料来源：实地调研。

124　新型农村集体经济发展：平定实践

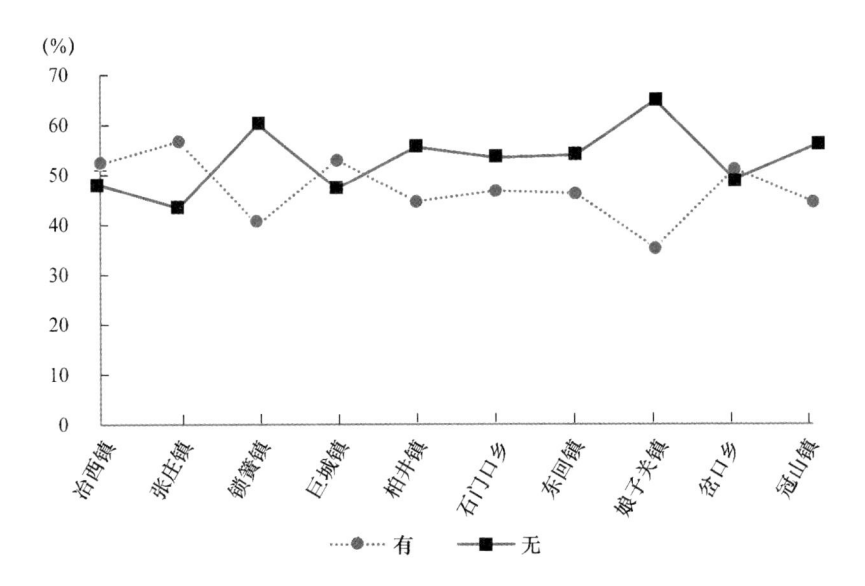

图4—4　村企合作项目在各乡镇居民中的普及度

资料来源：实地调研。

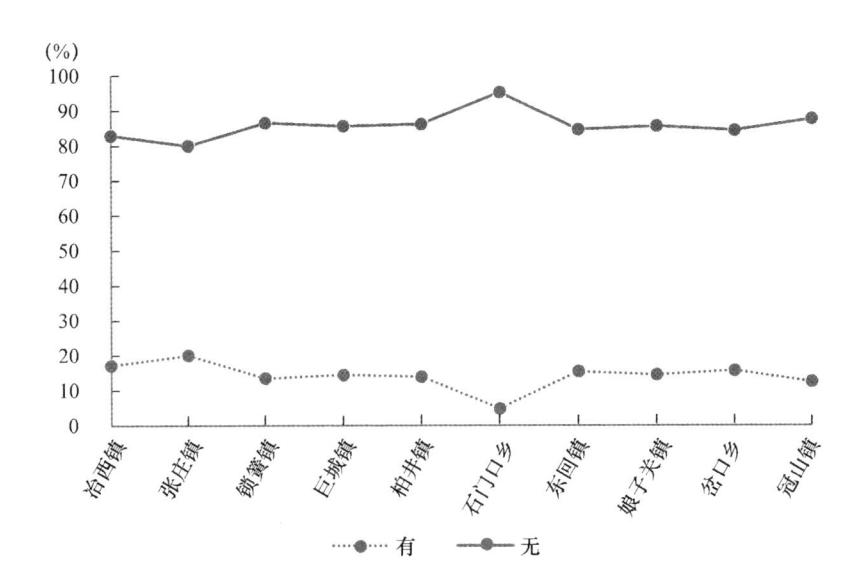

图4—5　金融信贷服务在各乡镇居民中的普及度

资料来源：实地调研。

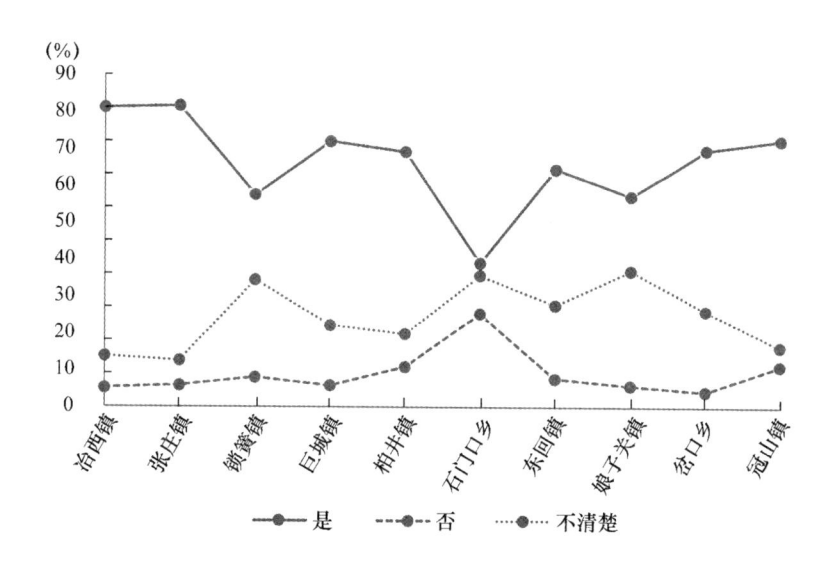

图4—6　各乡镇居民对集体经济中经济性公共服务作用的认可度

资料来源：实地调研。

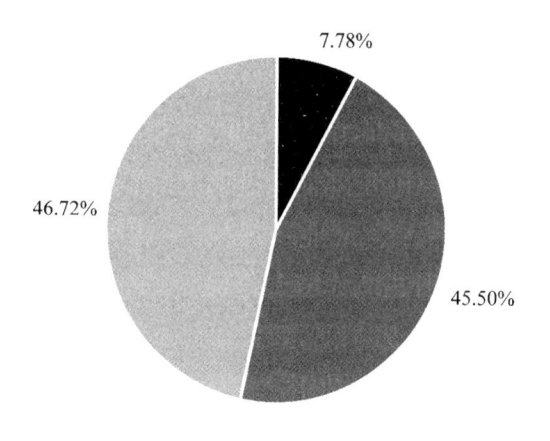

图4—7　各项技术培训服务在平定县乡镇居民中的普及度

资料来源：实地调研。

8.11%　1.59%
36.74%
53.56%

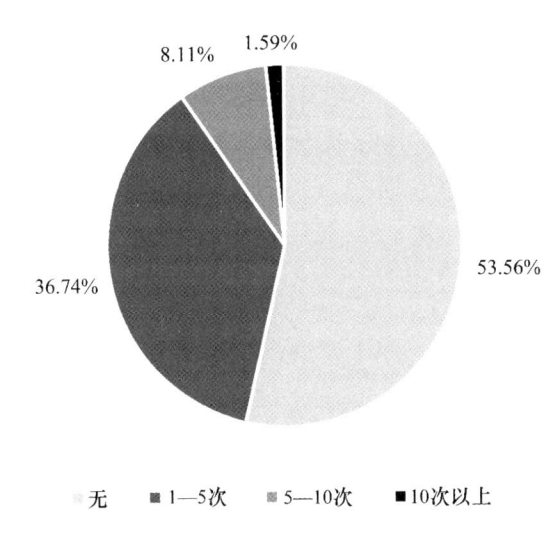

■ 无　■ 1—5次　■ 5—10次　■ 10次以上

图4—8　平定县乡镇居民参与技术培训服务频率

资料来源：实地调研。

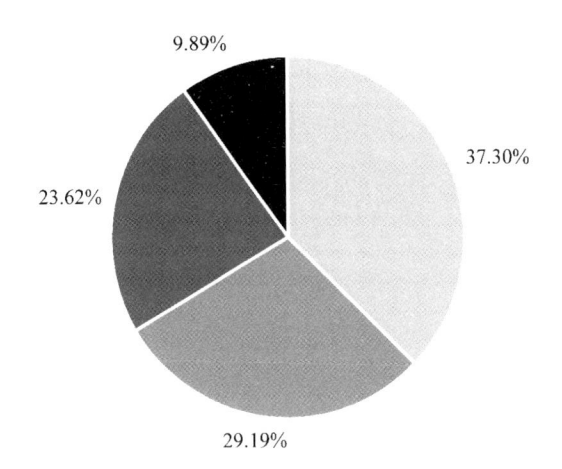

9.89%
23.62%
37.30%
29.19%

■ 没听过，不了解　■ 听过，不了解　■ 听过，不太了解　■ 听过，且了解

图4—9　平定县乡镇居民对金融信贷服务的了解度

资料来源：实地调研。

第四章 平定县农村集体经济与经济性公共服务 127

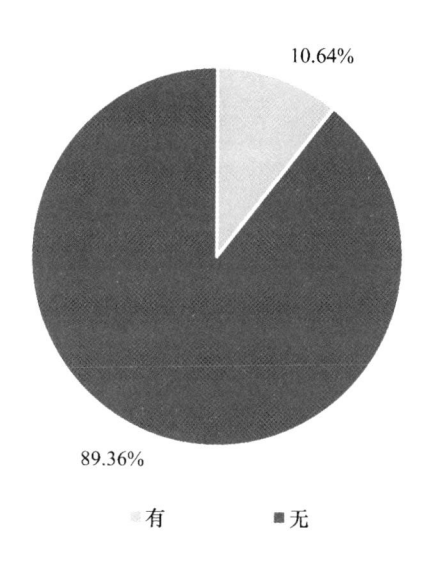

10.64%

89.36%

■ 有　■ 无

图4—10　金融信贷服务在平定县乡镇居民中的普及度
资料来源：实地调研。

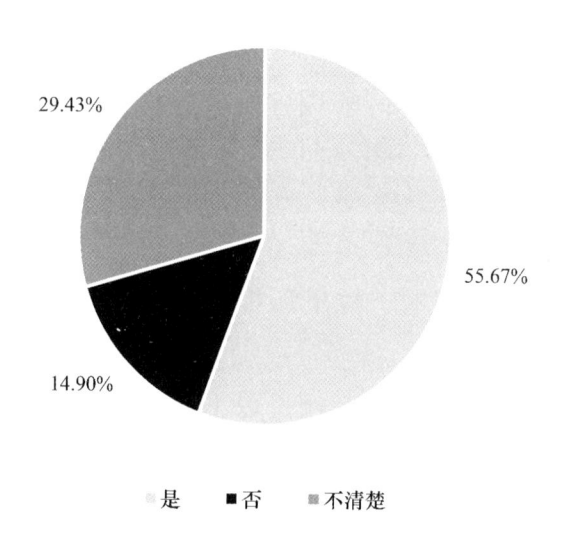

29.43%

55.67%

14.90%

■ 是　■ 否　■ 不清楚

图4—11　平定县乡镇居民对集体经济中经济性公共服务作用的认可度
资料来源：实地调研。

通过整合各镇的资料与问卷数据可知，平定县各乡镇的集体经济发展壮大后，围绕农业生产与农民需求，提供了农资供应、技术指导、土地托管、代耕代种、统防统治、加工销售、电子商务等生产性服务，以及劳务输出、信息指导、产权流转交易代办等中介服务，这些都是为农民从事经济发展活动所提供的服务。由于平定县各乡镇的发展定位不同，各地主要提供的经济性公共服务也有所侧重。

在以农业发展为主的乡镇，如东回镇、柏井镇、岔口乡，其主要为村民提供技术指导、统防统治、加工销售、电子商务以及信息指导这类经济性公共服务，其原因主要是由于当地的村民不了解不同农产品品种之间种植方法、技术以及可能存在的病虫害方面的差异，需要村委或镇政府邀请相关技术人员与农业专家进行讲解，传授技术与知识。发展一项新的农产品种植后，如何打开市场与销售渠道，也是仅靠农户无法解决的问题，因此需要村委或镇政府通过开通电商、开设超市、打造品牌、开展活动等方式为农户销售产品。而农资供应、土地托管、代耕代种、产权流转交易代办这类经济性公共服务主要是针对"空心化"、老龄化严重的贫困纯农业村庄，在这类村庄里，缺少青壮年劳动力，且大部分村民都是贫困户，要发展集体产业，就需要首先解决农资、劳动力方面的问题，例如岔口乡红育村就是由村里统一购买青年鸡与相关器材，为农户提供服务，考虑到劳动力不足的问题，村里还提供了统一技术服务、统一销售服务。

在经济相对发达的、具有一定工业基础的乡镇，劳务输出与产权流转交易代办这类的经济性公共服务较为普遍。例如，巨城镇通过盘活废弃工业用地与建筑为企业提供土地资源，节省建设成本与时间成本，同时也为当地村民提供了就业机会，增加了村民的财产性收入；锁簧镇利用废弃红砖厂进行招商引资，不仅盘活了村集体土地资产，更为企业提供了良好服务，为周边村民提供了就业机会；张庄镇为企业提供"保姆式"服务，为企业成功落户、顺利发展保驾护航。

不少依托乡村旅游、红色旅游发展起来的乡镇，如娘子关镇、冶西镇里三村都是通过发展集体经济后，拥有了一定的集体资产，为村里发展旅游业而建设旅游基础设施，各类的展览馆以及景观桥等，都为当地村民增收提供了机会。同时，一些村还为村民提供了民宿、厨艺培养的培训服务，提高了村民的技能水平，使村民能更好地依靠旅游业脱贫致富。更有部分村镇，通过举办文化节等各项活动，给村民提供交易平台，扩大村民销售农副产品的渠道。

一 冠山镇农村集体经济支撑经济性公共服务现状

冠山镇甘井村原本以玉米种植为生，但玉米种植并没有为甘井村带来经济效益。村集体为了找到适合甘井村的产业，咨询了权威机构并聘请了专家对甘井村的土壤进行检验，得出甘井村的耕地富硒，且专家评定甘井村的气温、湿度适合种植红薯，之后村干部通过市场调研，了解到红薯的市场价，为之后村民种植红薯提供了信息支持。红薯种植在甘井村推广初期，由于红薯品种不佳，效益无法提升，发现这一问题后，村干部积极调研并请专家对村民的栽培技术进行培训，提高了红薯成活率、产量和品质。同时为了给红薯种植户提供优质服务，村集体统一购买了起垄、铺膜、滴灌一体机和旋耕机，降低了红薯种植户的工作强度，提高了工作效率，红薯亩产量突破了1000千克，且远销北京、天津、上海等一线城市。为了延长红薯产业链，甘井村集体购置了加工机器，修建厂房、创办加工厂，购置粉皮加工机，为村民提供了就业机会。

如图4—1至图4—6所示，在本课题组收到的153份来自冠山镇居民的问卷中，在乡镇提供的融资担保、中小企业信贷服务方面，仅有约23%的受访者表示从未听闻过相关金融信贷服务，但大部分听闻过相关金融信贷服务的受访者也表示不了解此类服务，仅有约12%的受访者了解乡镇所提供的金融信贷服务，且只有约12%的受访者使用过中小企业信贷服务。在相关培训方面，约25%的受访者反映所在村镇组织过校地科技合作项目，约48%的受访者反映所在村镇组织过种植技术培训，但大部分受访者并未参与过此类活动，从未参与过合作、培训活动的受访者占冠山镇所有受访者的比例约为40%，且参与过此类活动的受访者参与频率低，超54%的受访者只参与过1—5次。虽然冠山镇一直在推进村企合作项目，但是仍有55%的受访者反映从未了解过此类项目。总体来看，大部分受访者认为集体经济发展对村民改善经济条件有贡献，持此观点的受访者占比超过73%。

二　冶西镇农村集体经济支撑经济性公共服务现状

为了脱贫致富，通过发展集体经济促增收的还有冶西镇的东庄村，2021年东庄村村"两委"经过多次调研，在村里搞起了设施蔬菜产业，并通过招商引资，引进了山西晋东中草药生物有限公司，采取了"公司+合作社+农户"的模式，发展起设施农业。东庄村的事例只是冶西镇特色农业与规模农业发展的一个缩影。为了推动全镇农业的高质量发展，冶西镇一方面靠调产和基地建设，不断发展本地的特色种植业，如持续扩大苇池村的羊肚菌种植规模；利用孟家村的艾草种植产业辐射周边村镇，以及积极推进下南茹村合作社的玉露香梨等特色农业的种植。另一方面，冶西镇大力推进规模养殖，例如西岭村的养殖合作社的肉羊养殖项目稳步推进，上冶头村的养殖专业合作社不仅存栏几十头肉驴，还通过土地流转、雇用工人等方式，带动了几十户建档立卡贫困户增收。冶西镇不仅聚焦于特色种植业与养殖业，还围绕着建设新型能源工业镇这一发展目标，加快推进转型项目的建设。例如阳泉市至厚紫砂文化产业项目，不仅完成了选址、项目注册和生产设备购置，更从宜兴聘请了专业优秀教师对学员进行教授。

冶西镇还有部分村镇依靠旅游资源发展起了集体经济，例如里三村，通过村集体不断地优化完善了旅游配套设施，例如停车场、凉亭、标识牌、景观桥等，同时建设平定党史展览馆、平西抗日根据地革命烈士纪念亭、平西抗日根据地纪念碑等红色景点，构建起平西抗日根据地抗战文化园，不仅能让游客赏美景、忆历史，更带动了村民增收。另一个典型案例便是冶西镇的上南茹村，为了形成本村的旅游品牌，上南茹村招商引资，与山西航通鑫茹种植养殖有限公司合作，绿化荒山，建设水果种植大棚、鹿场、养鱼池等，吸引了一批游客前来度假，也促进了村民收入增长。

如图4—1至图4—6所示，在本课题组收到的117份来自冶西镇居民的问卷中，在金融信贷服务方面，仅有约17%的受访者表示完全不了解这类服务，虽然有大部分受访者听闻过这类服务，但是使用过金融信贷服务的受访者仅占17%，覆盖面小。在培训服务方面，超70%的冶西镇受访者表示所在村镇组织过种植技术培训，7%的冶西镇受访者表示所在村镇组织过校地科技合作，且受访者的参与度较高，约60%的受访者表示参与过这类培训项目，约有52%的受访者了解村企合作项目。超81%的冶西镇受访者认为冶西镇的集体经济发展为村民改善经济条件提供了帮助。

三 巨城镇农村集体经济支撑经济性公共服务现状

巨城镇作为工业重镇，拥有不少淘汰工业企业的限制用地和厂房，通过摸清底数、盘活利用，这些废弃建筑与用地成为巨城镇招商引资、项目落地的一大关键，解决了企业工业用地供应不足的问题，同时利用限制用地与厂房，也为企业节省了基础建设时间成本与金钱成本。同时，为了优化营商环境，巨城镇成立了以镇党委书记为组长的招商引资服务组，制作了招商引资手册，努力为企业发展做好服务工作。同时，为了重振巨城镇的支柱产业——耐火产业，巨城镇在2019年研究制定了

《巨城镇支持民营经济发展的实施意见》，明确了优化发展环境、招商引资项目等目标任务和奖惩措施等；促进耐火产业转型；同时，巨城镇还邀请耐火行业的专家到企业进行专题授课，与参会人士会谈，为企业发展指明了方向，为投资者提振了信心。

同时，为了给村民提供优质的经济性公共服务，巨城镇在充分考察市场、认真分析落地条件的基础上，为每个村列出了适宜发展的产业"菜单"，为村民选定适合本村发展项目提供指导。巨城镇半沟村作为阳泉市出名的"红薯村"，其合作社里的红薯智能温室育苗棚里，常年配有农技员为村民指导育苗，同时村"两委"还组织农户参与烘烤红薯技术培训。半沟村与周边统一发展红薯种植的村庄"抱团"发展，不断延长了红薯产业链条，例如移穰村重点发展农机合作社，为村民提供红薯种植托管服务，并为农户购买农膜与有机肥；神子山村为农户提供了栽种红薯秧苗的全程服务，并设专人全天为村民抽水供水，保证村民的红薯地适时栽种；岩会村则从北京农科院购买了红薯新品种秧苗与有机肥，免费发放给农户。同时，为了进一步提升红薯附加值，半沟村还注册了"半沟"商标，统一定制专用销售推车，并成功申报了全省"一村一品"项目、全省首批有机旱作封闭示范片区、全国第九批"一村一品"示范村镇等，促进了半沟村红薯品牌的宣传推广，为村民们销售自家的"半沟"红薯出了一份力。随着"半沟"红薯逐渐成为金字招牌，"半沟"红薯也面临"假冒伪劣"这类侵权行为，为了维护村民的利益，巨城镇拨出资金为半沟村的红薯经营户统一定制了专用销售推车，解决了销售户面临的难题。同时，为了进一步宣传与推广"半沟"红薯，平定县从2016年开始举办"'半沟'红薯文化节"，该活动进一步宣传了"半沟"红薯，扩宽了"半沟"红薯销路。但半沟村并没有仅将目光停留在周围县市，而是和市邮政公司合作，将"半沟"红薯推到EMS极速鲜平台，为村民们解决了几万斤的红薯销售问题。圪套村则另辟蹊径，发展起了温室蔬菜种植产业。圪套村村集体为了使村民更加了解温室蔬菜种植步骤与技巧，专门聘请了资深的农技师给村民提供全程指导。南庄村则通过发展乡村旅游与休闲观光农业，使村集体经济不断发展壮大。为了使村民能搭上乡村旅游促增收的快车，南庄村多次组织开办农家乐的村民培训，通过学习新菜式和经营管理办法，提高村民的服务能力与水平。

如图4—1至图4—6所示，在本课题组收到的105份来自巨城镇居民的问卷中，在金融信贷服务方面，仅有约24%的受访者从未了解过乡镇的融资担保、企业信贷服务，超15%的受访者表示对乡镇的融资担保、企业信贷服务十分了解，但只有约14%的受访者使用过乡镇的金融信贷服务。在技术培训、科技合作活动方面，超58%的受访者表示所在乡镇组织过种植技术培训，约12%的受访者表示所在乡镇组织过校地科技合作活动。同时，约49%的受访者参加过此类活动，但参与频次超过5次的受访者在所有受访者中的占比仅约为9%。关于乡镇的村企合作项目，超52%的受访者表示了解过，大部分的巨城镇受访者认为乡镇的集体经济发展确实改善了村民的经济条件，持这类观点的受访者占巨城镇受访者总数的比例约为78%。

四　张庄镇农村集体经济支撑经济性公共服务现状

张庄镇作为阳泉市的工业重镇、农业大镇，其在平定经济技术开发区的发展壮大过程中扮演着重要角色。为了改善营商环境，为企业做好服务，张庄镇专门成立了工业园区项目领导组、工业园区服务中心、工业园区党支部和商会，建立领导干部包保项目制、销号工作法，采取点对点、面对面、一站式、保姆式服务，确保了企业项目的集聚和落地。为了给村民提供良好的经济性公共服务，张庄镇北阳胜村村集体成立平定县涵韵紫砂有限公司，将村集体的闲置建筑改造为工作坊，为村民提供学习紫砂壶制作技艺的培训。

如图 4—1 至图 4—6 所示，在本课题组收到的 121 份来自张庄镇居民的问卷中，在金融信贷服务方面，仅有约 17% 的受访者表示不了解乡镇的融资担保、企业信贷服务，且在张庄镇的居民问卷中，有 20% 的受访者表示使用过中小企业信贷服务，与其他乡镇相比，占比较高。在培训服务方面，有约 71% 的受访者表示乡镇组织过种植技术培训活动，约 12% 的受访者表示乡镇组织过校地科技合作活动，同时，张庄镇受访者中有 65% 的受访者切实参加了这类服务活动，虽然仍有约 52% 的受访者参与频次不足 5 次，但总体来看，仍属于平定县各乡镇中受访者参与度较高的乡镇。同时有超一半的受访者表示了解过乡镇的村企合作项目，其比例约为 57%。在所有张庄镇受访者中，超 81% 的受访者认为乡镇发展集体经济切实为村民改善经济条件做出了贡献，这在平定县各乡镇的问卷数据中，属于赞同比例最高的乡镇，可见张庄镇村民真切感受到了集体经济发展对自身发展带来的正向作用，也侧面印证了张庄镇的集体经济发展确实提升了张庄镇的公共服务水平。

五 锁簧镇农村集体经济支撑经济性公共服务现状

工业是锁簧镇经济发展的支柱产业，为了给企业提供优质服务，创建良好的营商环境，一方面，锁簧镇积极落实平定县深化人才发展的"一意见五办法"政策，鼓励优秀人才回乡创业就业，引进了一批符合主导产业、符合新动能培育方向的战略科技人才和高水平管理团队，为工业产业发展提供人才支撑。另一方面，锁簧镇和下辖各村还在优化环境、金融支持、土地支持等方面给予帮助，认真解决企业发展遇到的问题，与此同时，锁簧镇主要领导干部带头外出招商，也有力促进了全镇的工业发展，不可忽视的是，锁簧镇不断推进全镇数字化乡村建设，借助"互联网+教育""互联网+医疗"，通过数字设备实现了乡村服务的全覆盖、全天候、零距离，例如梨林头村利用废弃红砖场地进行招商引资，并为企业提前展开平场地、通电、通水、通路等基础工作，切实为企业服务。同时，为了推动文旅发展，锁簧镇扶持了一批村庄发展紫砂产业，通过加大培训、提供资金扩展规模等方式，吸引了一批紫砂工作室，打造了一批紫砂专业村。锁簧镇陈家庄村的无骨灯是阳泉市的非遗项目，为了更好传承无骨灯制作技艺并扩宽村民收入渠道，陈家庄村在农闲时间组织妇女学习制作技艺，将无骨灯制作发展成陈家庄的特色产业。

如图4—1至图4—6所示，在本课题组收到的238份来自锁簧镇居民的问卷中，在金融信贷服务方面，与其他村镇类似，虽然有超73%的锁簧镇受访者了解过乡镇的融资担保、企业信贷服务，但是真正参与过这类服务的受访者占比较低，约为13%。在培训服务方面，超54%的受访者表示乡镇组织过种植技术培训活动，但对校地科技合作活动有过了解的受访者仅占6.3%。同时，真正参与过校地科技合作、种植技术培训的受访者占比约46%，且超40%的受访者参与次数不足5次。在村企合作项目方面，仅有约40%的受访者了解过这类项目。在这238位锁簧镇受访者中，大约有58%的受访者认为乡镇的集体经济发展为村民改善经济条件提供了帮助，虽然仍有约8%的受访者不认同这一观点，但总体来看，锁簧镇的集体经济发展确实一定程度上支撑了其公共服务水平的提升。

六 东回镇农村集体经济支撑经济性公共服务现状

东回镇经济发展的典型特征是对农业的依赖程度大，因此，东回镇更加注重给农户提供良好的经济性公共服务。西峪掌村为了发展玉露香梨树种植产业，多方调研，并咨询了省农业厅专家意见。在决定发展玉露香梨树种植产业后，西峪掌村邀请了水利专家到村里实地勘察，为村民种植找水源，并邀请了种植专家为村民培训，甚至邀请了农业专家为村民讲解预防气象灾害、灾后自救的方法。为了帮助村民销售玉露香梨，西峪掌村帮助村民通过消费扶贫定点销售，并在县城设销售点，联系电商平台，开拓线上销售渠道，打开销路。里洪水村拥有丰富的野生连翘资源，为了使村民们意识到连翘的经济效益，里洪水村以补助的形式引导村民调整种植结构，先后在荒山、荒坡上种植了1000余亩连翘。里洪水村还成立了专业合作社，免费向社员提供连翘苗、发放种植补助、开展技术培训等，指导村民种植和采收连翘，带动了村民增收。为了进一步加深产业链，里洪水村还通过招商引资，吸引了连翘茶加工厂落户，扩大了连翘农户的销路。同时为了打出里洪水村专属的连翘品牌，里洪水村还注册了"洪益康"商标，规模化发展连翘种植、加工、销售产业。同时，洪水村还发展了全自动金属网加工业，村集体投资成立公司，邀请专业技术人员对村民进行培训。青杨树村原本是一个资源和支柱产业的纯农业村，全村将近一半村民是建档立卡贫困户，为了加快村民脱贫，青杨树村村委到建档立卡贫困户家里宣传脱贫政策，引导村民利用小额贷款政策，加入光伏发电项目。白家地掌村同样曾是阳泉市的建档立卡深度贫困村，为了帮助村民脱贫，村里在帮扶单位水利局的帮助下，确立了依托合作社发展玉露香梨立体种植、种养结合的发展计划，为了保证村民收入，白家地掌村邀请了专业技术人员指导村民种植。同时，在各地帮扶机构的帮助下，白家地掌村建起了养殖机构，引进了黑山羊养殖，并将黑山羊养殖技术传授给农户。而拥有"红色基因"的七亘村则通过招商引资不断发展乡村旅游业，2021年七亘村引进了河北圣东集团，计划投资1.5亿元开发建设七亘红色旅游基地。

如图4—1至图4—6所示，在本课题组收到的130份来自东回镇居民的问卷中，在金融信贷服务方面，超过76%的受访者了解过乡镇的融资担保、企业信贷服务，但真正参与过这类信贷服务的受访者仅占受访者比例的15%。在校地科技合作与种植技术培训方面，超66%的受访者表示所在乡镇组织过种植技术培训活动，仅有约3%的受访者表示乡镇曾组织过校地科技合作项目，这与东回镇重点发展农业有关。同时，60%的受访者表示曾参与过这类培训服务活动，但大部分受访者的参与次数较少，不足5次。在村企合作项目的了解程度方面，约46%的受访者表示了解过这类项目。关于东回镇的集体经济发展是否带动了村民经济条件改善，约65%的受访者给出了肯定的答案，仅有7%左右的受访者认为有待商榷。

七 柏井镇农村集体经济支撑经济性公共服务现状

柏井镇亦是纯农业乡镇，镇里各行政村根据自身实际发展特色产业。乱安村原本是一个土地贫瘠、严重缺水的纯农业村，但其抓住造林绿化这一发展契机，在山上种植松树、柏树，并在阳泉市园林管理处的帮助与指导下，成立了造林合作社。为了帮助村民更好地种植特色苗木，乱安村村委一边争取政策资金修路、建水池，一边联系市园林管理处多次组织技术员为村民传授技术。面对村民的各种疑问，乱安村请园林专家到村测试土壤、评估气候等，选择适宜本地栽种、村民易管护的苗木，保证苗木成活率和出圃率。同时定期邀请专家开展苗木管护培训讲座，让村民掌握管护技术。在销售方面，村集体进行"一条龙"服务，组织了一支专业种植管护队伍，不仅帮助村民销售苗木，还帮助村民对苗木进行种植、日常护理。将军峪村也曾是一个典型的纯农业贫困古村落，为了实现脱贫致富，将军峪村发展反季节蛋鹅养殖产业，以"合作社＋贫困户＋扶贫资金"模式带领全村村民实现脱贫。为了科学养殖，村"两委"联系专家指导村民养鹅，从消毒、治疗、疫防、提高存活率等各个环节给村民指导。为了帮助乡镇农户销售农副产品，柏井镇多次组织开办农产品展销会，为全镇20多个村的村民推销本地农产品提供渠道；同时，也给农户提供了交流学习平台。

如图4—1至图4—6所示，在本课题组收到的101份来自柏井镇居民的问卷中，在金融信贷服务方面，有超25%的受访者表示并不了解本村镇的融资担保、企业信贷服务，对此类服务较为了解的受访者仅占14.85%，且使用过乡镇的中小企业信贷服务的受访者比例较小，约14%。同时，在柏井镇的受访者中，约66%的受访者表示所在乡镇组织过种植技术培训，只有约7%的受访者表示所在乡镇组织过校地科技合作，这与柏井镇发展定位在农业方面有关。在所有柏井镇受访者中，参与过校地科技合作、种植技术培训的受访者比例约为57%，大部分参与过此类活动的受访者的参与次数较少，超80%的受访者参与次数不足5次。在村企合作项目方面，不足45%的受访者对这类项目有过了解。超69%的柏井镇受访者认为乡镇的集体经济发展对村民改善经济条件提供了帮助。

八　岔口乡农村集体经济支撑经济性公共服务现状

岔口乡的主铺庄村为了改变村里没有产业的现状，通过帮扶单位中国农业银行阳泉市分行为村民争取到每户600元的产业扶贫资金，为村民发展自家"小"产业提供资金支持。同时，为了帮助村民销售农产品，主铺庄村的村干部积极在互联网平台为村民宣传、推广、销售农副产品。同时，主铺庄村开办了爱心超市，为村民销售农产品提供了另一渠道。另一个纯农业村——西头岭村成立专业合作社，借助合作社为农户提供农资资金，免费提供种子、肥料、除草剂，还提供病虫害防治、施肥等技术管理措施，促进农产品品质提升、产量提高，并由合作社以市场价每公斤不低于1元的价格收购农户农产品，有效增加了农民收入。同时，为了进一步打响西头岭村的农产品品牌，村里举办了文化节，吸引了众多游客前往游玩。红育村不仅是个纯农业村，且"空心化"严重，为了扶持该村产业发展，市委统战部免费为村民发放了青年鸡，并购买了磨面机、订购了鸡场围栏等，为村民提供笨鸡养殖产业服务。在笨鸡养殖产业得到初步发展后，市委统战部与村"两委"成立了专业合作社，设立专户专人管理产业扶贫资金，为村民统一采购青年鸡、统一技术服务、统一销售。在企业方面，岔口乡因地制宜发展高新产业、基础工业，为企业提供"保姆式"服务。

如图4—1至图4—6所示，在本课题组收到的96份来自岔口乡居民的问卷中，在金融信贷服务方面，仅有约24%的受访者表示不了解乡镇的融资担保、企业信贷服务，但真正使用过乡镇的企业信贷服务的受访者比例仅为15.63%。在培训服务方面，约54%的受访者表示乡镇曾组织过种植技术培训活动，约16%的受访者表示乡镇组织过校地科技合作活动。虽然受访者数据显示，其乡镇的培训服务较为到位，但仍有约42%的受访者表示从未参与过校地科技合作、种植技术培训活动，且约52%的受访者参与频率较低，不足5次。在岔口乡的受访者中，约70%的受访者认为乡镇发展集体经济切实改善了村民的经济条件，可见岔口乡的集体经济项目在村民中的认可度、满意度较高，其提供的经济性公共服务切实满足了村民的切身需求。

九　娘子关镇农村集体经济支撑经济性公共服务现状

娘子关镇为了促进本镇的农业朝现代化方向发展，开办了山西省科普惠农中心服务站，在农闲时，组织多个村庄的农民到服务站学习农业知识，通过邀请农业专家为农民授课，开展技术培训，提供致富信息，为农户科学种植提供了帮助。同时为了突破村镇的旅游淡季，娘子关镇深挖冬季旅游资源，积极筹备了冰雪节，打造娘子关镇旅游新招牌，为村民冬季增收提供平台。

如图4—1至图4—6所示，在本课题组收到的174份来自娘子关镇居民的问卷中，在金融信贷服务方面，虽然约69%的受访者了解过乡镇的融资担保、企业信贷服务，但仅有约14%的受访者切实享受了这项服务。在技术培训服务方面，超56%的娘子关镇受访者表示不清楚这类服务，且超41%的受访者表示仅了解乡镇组织的种植技术培训服务。同时约69%的受访者从未参与过这类服务，参与过这类服务的受访者的参与频率也较低。在村企合作项目方面，仅有约35%的受访者表示了解过这类项目。关于集体经济是否带动了村民经济水平提升方面，超57%的受访者表示赞同，仅有约6%的受访者认为有待商榷。

十　石门口乡农村集体经济支撑经济性公共服务现状

石门口乡不断提升招商引资的力度，为企业提供"保姆式"服务。石门口乡建设了产业园区，为给企业营造良好的营商环境，规范园区管理，完善配套设施建设，提高环保准入门槛。同时，全乡多措并举盘活"僵尸企业"，优化整合闲置土地和厂房"腾笼换鸟"，为企业落地石门口乡提供土地资源。此外，石门口乡还强化对园区企业政策资金的扶持和简化手续办理，严格园区规划控制，提高企业投资强度，助推提升园区科学发展水平。

如图4—1至图4—6所示，在本课题组收到的902份来自石门口乡居民的问卷中，在金融信贷服务方面，超55%的受访者表示从未了解过这类服务，且只有约5%的受访者深入了解过这类服务，使用过这类服务的受访者仅占总受访者的5%左右，比例较低。在技术培训服务方面，只有约29%的受访者表示所在乡镇组织过种植技术培训活动，5%的受访者表示乡镇曾组织过校地科技合作活动，超60%的受访者对这类活动不熟悉并且从未参与过。虽然仍38%的受访者参与过此类活动，但约24%的受访者参与次数不足5次。在村企合作项目方面，约47%的受访者表示了解过这类项目。在所有石门口乡的受访者中仅有约25%的受访者认为集体经济发展对村民改善经济条件的帮助不大。总体来看，石门口乡的数据显示了该乡镇需要进一步提升针对企业和村民的经济性公共服务水平。

第五章 平定县农村集体经济与社会性公共服务

第一节 社会性公共服务的定义

农村社会公共服务是为了满足农民的生存、生活、发展等社会性直接需求，如公办教育、公办医疗、公办社会福利等。

教育、养老、医疗、人居环境等社会公共服务由于具有非竞争性和非排他性，因而属于典型的公共产品，市场没有动机提供、配置资源从事这些没有私人经济利益的活动。因而农村公共产品需要由政府提供或组织提供，集体经济的开展对于农村公共产品供给、社会公共服务的优化、农村经济发展和社会稳定有着重要意义。① 随着农村经济的发展和改革的深化，农民对于物质生活的需求逐渐提高，目前我国的主要矛盾是人民日益增长的美好生活需要和不平衡不充分的发展之间的矛盾，集体经济为农村经济和社会服务两个方向都提供了新的提升、发展路径，以政府政策为主导的农村集体经济实现形式主要是为农村提供社会服务。虽然近年来农村公共产品供给规模和结构有明显改善，但仍滞后于农民的现实需求，社会保障不到位和

---

① 薛继亮、李录堂：《政府主导型农村集体经济有效实现形式研究——基于社会服务功能视角》，《北京理工大学学报》（社会科学版）2011年第2期。

人居环境差的现实因素导致很多年轻人不愿返乡工作，而是更愿意到县城、大城市工作，农村中有大量留守儿童和留守老人，已经在一定程度上限制了农村的进一步发展。

第二节 平定县农村集体经济支撑社会性公共服务现状

一 平定县农村集体经济发展对农民就业的促进

平定县全面贯彻落实党的十九届历次全会精神和习近平总书记视察山西重要讲话精神，以人民为中心，把人民对美好生活的向往作为奋斗目标。为了实现广大人民群众对于美好生活的向往，平定县委、县政府充分认识到提供完善的社会公共服务之关键在于发展有自主性的集体经济，让各乡镇、各村集体能够有充足的资金满足村民的生产、生活等需求，能够让发展成果进一步惠及更多村民。

平定县各乡镇及村集体以乡村振兴战略规划为工作指引，坚持规划引领、生态优先、绿色发展的组合，坚持目标导向、统筹协调、开放民主的原则，促进生态效益、社会效益、经济效益统一协调发展，实现人居环境显著改善，基础设施和基本公共服务进一步完善，农村社会治理能力得到提升；产业升级发展加快，收入水平持续增长。全村社会和谐稳定，农民发展动力更足，增收渠道更宽，产业效益更高，人居环境更美，生活品质更优。

新冠疫情暴发以来，面对经济下行的压力，党和政府高度重视就业问题，稳就业、保民生成为宏观政策的第一优先工作。在目前经济下行的情况下，如何稳住农民劳动力的就业、如何保持社会稳定是巩固我国来之不易的脱贫攻坚成果、全面小康成果的重要问题。在过去的发展中，全球的贸易格局和供应链的发展，以及我国产业结构的调整，使得农村大量富余劳动力进入城市和工商业，客观上也造成了农村的"空心化"。大量的农村富余低成本劳动力为简单制造业提供了大量的人口红利，这也是我国以往经济发展的重要支撑，而随着产业结构调整，以及信息化、智能化技术快速渗透到传统产业中，我国的产业结构和城乡关系发生了急剧变化，所需求的劳动力减少，劳动力密集型的发展模式开始转型。农村劳动力老龄化趋势显现，其就业意愿发生了显著改变，如何解决农村劳动力就业成了一个重要的课题。研究如何在乡村实现就业、如何使得产业扶贫的项目继续带动农民就业，在目前地方财政压力较大的情况下，有着重要的意义。

平定县委、县政府充分意识到这一问题的重要性，推出系列政策壮大集体经济。平定县各乡镇"八仙过海，各显神通"，充分发挥各地的比较优势，通过开展适宜本地区经济发展条件的集体经济，促进一大批农民实现就业和再就业，切实缓解了就业压力，为平定农村经济发展提供了新的经济增长点，也解决了农民就业的问题，使得村民能够在家门口实现就业，稳定生活。[1]

平定县各乡镇根据自身现状，因地制宜推进特色农业和生态旅游的发展，实现农村生产生活的绿色转型和改善。实现了富硒产品、作物加工、畜牧养殖、蔬菜种植、药用茶、花卉等特色产业的发展，建成了植物育种、农产品加工、保鲜储藏等商业项目，积极开发和打造地区公共品牌。引导满足要求的扶贫实验室改造为集体企业，帮助许多农民在所在乡镇甚至在本村找到了工作，在拉动就业的同时增加了集体经济的收入。

在第一、二产业的基础上，积极发展第三产业，在农村发展以农村资源、生态、文化为基础的新型服务业态，在可能的

---

[1] 谢玲红：《"十四五"时期农村劳动力就业：形势展望、结构预测和对策思路》，《农业经济问题》2021年第3期。

情况下，为农民增加发展新型服务业的就业机会。支持村集体关注农村生产生活需要，大力发展农业专业服务企业、技术专业协会、专业合作社等服务单位，实施经济适用的公共和商业服务，拉动了就业，增加了村民的收入来源和财富增收渠道。

我们课题组对平定县10个乡镇超过2000名村民进行问卷调查，其中近60%的受访村民受益于校地科技合作和种植技术培训，50%的受访村民参与了本村的村企合作集体经济建设项目，58%的受访村民在参与集体经济活动时，村里为其提供了岗前培训和指导。从以上数据可以看出，平定县的集体经济覆盖范围很广，在当地调动了一大批村民，并且在此过程中，加强了岗前培训、就业前指导等工作，通过发展村集体的产业直接提供了一批就业岗位，解决了村民就业问题；并通过集体经济的项目，吸收外地发展的先进经验，帮助村民提高技术水平和就业经验，提高技能培训，加强科普，切实帮助村民再就业、再创业。

从各乡镇发展实际情况来看，它们开展的集体经济建设项目各不相同。有的发展了红色旅游业，有的发展了种植业，有的发展了畜牧养殖业，有的发展了简单加工业，真正做到了因地制宜。下面对几个拉动就业特别突出的乡镇进行介绍。

（一）娘子关镇娘子关村实践情况

课题组调研所得到的统计数据显示，娘子镇村有174人参与课题组的调研，其中107人认为娘子关镇在开展集体经济中，为其带来了社会性公共服务的收益（包括但不限于提供就业机会、技能培训、社会保险、科普、养老、医疗、环保等方面），占比超过60%。受访的村民中有60人参与了集体经济建设，约占比35%。在这60人当中，特别需要指出，有52人参与过种植业相关的集体经济项目、50人参与过旅游业等服务业项目，因而娘子关村的村民对于集体经济在社会服务领域的获得感较高。56%的村民认为开展集体经济促进了其提高知识和技能素质，帮助了其就业；54%的村民认为通过参与集体经济建设项目，增强了自己对于集体经济甚至集体的认同感和归属感；73%的村民认为通过发展集体经济，家乡的人居环境较以往有了明显改善。

其中，娘子关村的案例较为典型，旅游业拉动就业的特征也较为突出。娘子关村是著名的旅游胜地。依托当地优质的旅游资源，平定县制定了一系列旅游扶贫的方案。娘子关村充分依托旅游及衍生服务业进行了"造血"，发展旅游业初期不需要大规模投资，但是效益高，农村人口参与广泛，而且具有可持续性，返贫率较低，同时促进了民俗文化保存和环境保护，改善了娘子关村村貌改善，提高了村民生活质量。

据娘子关村党支部书记介绍，由于交通便利，许多村民过去都愿意通过跑长途运输养家糊口，不愿从事旅游行业，因为收入不稳定、前景不好。近年来，该村村"两委"不断创新发展思路，通过融合旅游产业，设立山水风光、产品展销、非遗展览等具有平定特色的文旅项目，提升娘子关景点的知名度和吸引力。如今，越来越多的村民来到景区工作，从事相关产业服务，带动全村130多户500人就业，人民群众真正受益于旅游产业的发展。

具体而言，娘子关村的村民通过以下几种模式参与集体经济。

一是直接从事旅游经营。村里鼓励、支持有条件、有能力的贫困户和贫困群众，直接开办农家乐、乡村客栈、特色民宿、购物商店等，自己做主经营。如果效益好，还能够帮助更多村民就业，通过经营收入带动一批人从中获益。

二是参与旅游接待服务。对于不具备独立从事旅游经营，而具有一定劳动能力的贫困户和贫困群众，可引导他们积极参与旅游景区或是旅游企业的相关接待服务工作，通过岗前培训，掌握一定的服务技能，成为旅游服务从业人员，通过工作获得劳务收入，实现脱贫。对于村民中年龄较大、技术能力欠缺的老人，也可通过保洁、绿化等基础性的工作解决其就业，增加收入。

三是出售农副土特产品。鼓励支持有条件、有能力的贫困户和贫困群众，开展传统工艺品、农副产品、土特产品等旅游商品经营，比如村民可以制作娘子脆饼、水磨面等富有地方特色的食品进行销售。增加农副产品的销路，提高销售收入。

四是开发旅游文化商品。娘子关村的村民可以通过发展绿色、生态特色种植业和养殖业，向游客出售自家的农副产品、土特产品而获得收入，也可带动贫困群众脱贫致富。

五是发展旅游信息服务。娘子关村村"两委"鼓励村民以自有的土地、房屋、资金等作为股权投入，参与乡村旅游合作社、旅游文化企业的经营开发，通过股权分红，达到致富的目的。

六是资产入股参与旅游产业。通过"互联网＋电商""智慧旅游＋"的模式，推广一系列特色旅游商品和自营的农特产品，也可充分利用互联网、微博、微信平台等，传播旅游产品信息，接受旅游预订服务，发展网上旅游商务，同时获得商品销售收入和旅游产品推广收入。

（二）冶西镇里三村实践情况

冶西镇共有117名村民参与调研。其中93名群众表示在村集体经济中获得了社会性公共服务的收益（包括但不限于提供就业机会、技能培训、社会保险、科普、养老、医疗、环保等方面）。88名村民认为所在村的集体经济活动为村民提供了岗前培训、指导和科普工作，占比高达75%。71名被访群众表示曾经参与农村集体经济项目，比例高达61%。67位村民曾参与种植、采摘等农业项目。在对集体经济的评估中，75%的村民认为集体经济促进村民提高了知识和技能素质，50%的村民认为集体经济的发展提升了村民就业率，助民创收。

以里三村为例。里三村在县政府、镇政府发展集体经济的指导下，为了改善村民收入来源单一的问题，充分发挥党员干部带头作用，依靠丰富的土地资源和得天独厚的地理条件，利用闲置土地发展艾草种植及加工一条龙产业，切实拉动了村民就业。

根据该村党支部书记的叙述，他在2017年上任后，发现里三村有大片的闲置荒地，所以村"两委"先后多次到河南省、湖北省的艾草种植基地进行考察，学习先进经验。经过调研，发现艾草这种药材经过加工有很大的市场潜力，特别是平定县本来就有野生的艾草，说明能够在当地进行规模化的种植，故后来他们以此为基点开展全链条的艾草产业。

经过近些年不断创新和学习，目前里三村成立了阳泉市誉人艾草制品有限公司，与周边农户建立起了长期稳定的协作关系，初步形成了"公司+集体+农户"为主导的生产经营模式。经过了解，艾草种植基地已带动周边200余户发展起了艾草种植，每户每亩纯收入达3000元，农民增收180余万元，而艾草加工全产业链，如加工生产艾绒、艾条、艾枕等十多种延伸产品等，则解决了就近村民50余人的就业问题，有效促进了当地农业产业结构调整。

（三）柏井镇东山村实践情况

柏井镇共有101名村民参与调研。其中，76名受访者表示在村集体经济中获得了社会性公共服务的收益（包括但不限于提供就业机会、技能培训、社会保险、科普、养老、医疗、环保等方面），占比高达75%。59名受访者认为所在村的集体经济活动为村民提供了岗前培训、指导和科普工作，占比高达58%。52名受访者表示曾经参与农村集体经济项目，比例高达51%。55%的村民曾参与种植、采摘等农业项目，36%的村民曾参与畜牧业养殖项目中。在对集体经济的评估中，61%的受访者认为集体经济的发展促进村民提高了知识和技能素质，

43%的村民认为集体经济的发展增加了村民就业率,助民创收。

2017年初,柏井镇政府为了实现产业扶贫,提出反季节蛋鹅养殖规划,将军峪村村"两委"积极响应,自费外出考察和学习反季节种蛋鹅养殖技术。村支书王巨明与村"两委"成员先后到吉林、山东、河北、江苏等地考察产业项目,发现蛋鹅市场行情好、管理较简单,且本地养殖户较少。

村委在摸索出一套较为成熟的、在平定当地行之有效的养殖技术后,组织召开村民代表大会,通过"六议两公开"工作法决定以源合作社为实施主体做大反季节种蛋鹅养殖场。将军峪村通过"合作社+贫困户+扶贫资金"模式,发展反季节种蛋鹅养殖产业的思路。与38户带资入社的贫困户签订了利润分成协议,经过一年的努力,将军峪村集体经济实现了零的突破。合作社与建档立卡贫困户签订了利润分成协议,合作社每年为每位贫困人员保底分成300元,并向村集体上交部分利润,增加村集体收入2.5万元,人均收入达到3600元以上。同时,积极安置有劳动能力的贫困户在养殖场务工。

在蛋鹅养殖的特色产业引领下,2017年,将军峪村实现了整村脱贫。将军峪村党支部被评为阳泉市、平定县"基层党组织建设示范村""扶贫开发先进集体"。该村党支部书记王巨明荣获山西省脱贫攻坚奋进奖。

如今,柏井镇的养殖基地已建成两条水线和一条料线,基本实现半自动化养殖。蛋鹅养殖成为将军峪村脱贫主导产业,不仅带动了本村村民增收,还承担了柏井镇699名贫困人口的带贫任务。合作社优先雇用本村及周边村贫困人口务工,每年用工支出20多万元,还收购本地农民的玉米和秸秆加工饲料。

随着养殖经验的丰富和对市场进行的充分调研,东山村村民逐渐意识到单靠养殖收益不太高,受市场冲击较大。为了保持集体经济的竞争优势,进一步为村民们谋福利,东山村和河北一家研究所、山西农业大学接洽,借助科研力量对种鹅进行改良。考虑到养殖业的市场前景有限，为保证村民们参与集体经济的收入，东山村正在尽全力打造从种鹅、孵化、育雏、育肥、育成到销售、食品深加工、冷链存储运输的全产业链条。村委希望通过打通产业链条，带动更多农民增收。

二 平定县农村集体经济发展对于农村文化建设的影响

2018年2月，《中共中央 国务院关于实施乡村振兴战略的意见》（以下简称《意见》）正式公布，提出按照"产业兴旺、生态宜居、乡风文明、治理有效、生活富裕"的总要求，建立健全城乡融合发展体制机制和政策体系，统筹推进农村经济建设、政治建设、文化建设、社会建设、生态文明建设和党的建设，加快推进乡村治理体系和治理能力现代化。《意见》第五部分提出"繁荣兴盛农村文化，焕发乡风文明新气象"，要求我们必须坚持物质文明和精神文明一起抓，提升农民精神风貌，培育文明乡风、良好家风、淳朴民风，不断提高乡村社会的文明程度。

农村公共文化空间是农村文化发展和传承的载体，也是农民生产和生活的重要场所。[①] 它极大地影响着村民的物质生活和精神文化世界，影响着农村社会的道德价值和秩序体系，对我国农村的全面协调可持续发展具有重要意义。当前，城市化进程加快了农村人口大规模持续向城市迁移的趋势，农村基层文化呈现"空心化"与"形式化"的特征，这主要表现为传统的基层文化结构、乡土结构、宗族结构正在瓦解，农民在文化、精神上的需求不明确，表达机制不完善，公共文化服务内生动力不足；农村社区的文化认同日益减弱；旧的农村社会结构被打破，而新的社会结构尚未完全建立。城市化极大地促进了农

---

① 陈波：《公共文化空间弱化：乡村文化振兴的"软肋"》，《人民论坛》2018年第21期。

村经济的发展，改善了居民的生活环境。然而，物质生活的丰富并不能掩盖精神缺陷的蔓延。随着城乡二元结构影响的深化，文化建设的不平衡性逐渐显现，公共文化空间逐渐被侵吞，社会主义的、现代化的、健康的乡土文化亟待建立和完善。

农村文化和乡风建设在传统乡村治理和现代文化建设过程中发挥着不可替代的作用。文化振兴是我国乡村振兴战略的应有之义。在目前乡村文化建设不完善的情况下，各级政府应深化优秀传统农业文化所蕴含的理念、人文精神和道德规范，培养和发展地方文化人才，弘扬主旋律和社会诚信，结合马克思主义中国化的优秀内容，培育良好的家风和朴素的民风，提升农民的精神面貌，提高农村社会的文明程度，营造新时代中国特色社会主义农村文明的新气象。

文化是一个国家、一个民族的灵魂。文化兴则国运兴，文化强则民族强。作为政治生活的灵魂，政治文化先进与否、纯洁与否，是影响政党的兴衰成败。良好的政治文化是马克思主义政党的党性原则和中华优秀传统文化精髓的结晶，是坚定文化自信的重要表征，也是建设文化强国的必由之路。阳泉市、平定县各级政府也意识到政治文化建设的重要性。为深入贯彻落实习近平总书记关于用好红色资源、赓续红色血脉的重要指示精神，按照市委"14510"总体思路和部署，阳泉市大力实施红色领航战略，出台山西省首部以红色文化资源保护传承为主题的地方性法规《阳泉市红色文化资源保护传承条例》，制定《阳泉市实施红色领航战略行动方案》，深入挖掘和宣传"中共创建第一城"内涵特质，充分利用红色资源优势，弘扬红色革命传统、继承红色奋斗精神、擦亮红色基因底色。围绕"寓红于旅、寓红于产、寓红于教"，经过推荐征集、部门会商、研究确定等程序，确定了首批100个红色资源地名，制作了《阳泉市红色资源手绘地图》，其中，平定县城占据32个红色资源地名，位列榜首。如平定县东回镇七亘村村西的七亘大捷纪念馆，平定县冠山镇南关村的平定县烈士纪念馆，平定县冶西镇赵家村的平西抗日根据地纪念馆等。

平定县依托丰富的红色资源，将红色文化景观与绿色自然景观、传统革命教育、促进旅游发展相结合，促进红色文化研究与旅游研究的深度融合。重点挖掘红色资源的内涵和价值诠释，讲好红色故事，磨炼红色品牌，建设革命传统教育、爱国主义教育、党性教育的实战课堂。丰富休闲旅游、红色文化创意、科研教育、景观体验等旅游产品，培育"红色产业"，打造一系列美丽的红色村落。在发展红色旅游文化产业的过程中，平定县各乡镇、各村要抓住这个机遇，加大涉及中国共产党的历史知识普及力度，开展大量的党建文娱教育活动，提高村民的思想意识和文化素质，有效提高文化建设水平和村民向心力的凝聚力。在下文中，以平定县几个有代表性的案例为基础，展开介绍集体经济发展对于农村文化建设的促进作用。

（一）锁簧镇实践情况

锁簧镇共有238名村民参与调研。其中，171名受访者表示在村集体经济中获得了社会性公共服务的收益（包括但不限于提供就业机会、技能培训、社会保险、科普、养老、医疗、环保等方面），占比高达72%。149名受访者认为所在村的集体经济活动为村民提供了岗前培训、指导和科普工作，占比高达63%。109名受访者表示曾经参与农村集体经济项目，比例高达46%。38%的村民曾参与种植、采摘等农业项目，25%的受访者曾参与畜牧业养殖项目。在对集体经济的文化建设评估方面，55%的村民认为集体经济的发展促进村民提高了知识和技能素质，50%的村民认为集体经济活动提升了村民对于集体的认同感。

具体以两个村的实际情况介绍锁簧镇的文化建设情况。

东锁簧村逐步完善村级治理新体系，不断提升基层文化及党建水平。以乡风文明为保障，凝聚乡村振兴正能量：大力宣传社会主义核心价值观，引导村民注重家庭建设、家教传承和家风培育，推进"一约五会"，引导村民弘扬时代新风，培育文明乡风，推进"五个文明"建设、推动乡村文化振兴。另外，以治理有效为基础，推动乡村和谐发展。以党建引领推进三治融合，健全基层社会治理体制机制，创新基层管理服务机制，强化基层服务功能，提升基层治理能力，明显提升全村社会公共安全感和满意度。建设平安和谐乡村，打造充满活力、和谐有序的善治乡村。

马家锁簧村还充分发挥实体宣传渠道的影响力，把传统文化、村规民约、村红白理事会章程、禁毒禁赌、村干部职责等内容张贴上墙，进行公示。马家锁簧村村委会办公楼一侧设立了文化墙，对村民进行乡风、家风教育建设，比如"经常带着爱人子女回家，节假日尽量与父母共度，为父母过生日……"。以图画加文字的形式，充分展示了"新二十四孝"的内容，带动了马家锁簧村爱老、敬老的社会风气。

（二）张庄镇实践情况

张庄镇共有121名村民参与调研。其中，104名受访者表示在村集体经济中获得了社会性公共服务的收益（包括但不限于提供就业机会、技能培训、社会保险、科普、养老、医疗、环保等方面），占比高达86%。97名受访者认为所在村的集体经济活动为村民提供了岗前培训、指导和科普工作，占比高达80%。75名受访者表示曾经参与农村集体经济项目，比例高达62%。76名受访者曾参与种植、采摘等农业项目。在对集体经济的文化建设评估方面，80%的村民认为集体经济的发展促进村民提高了知识和技能素质，70%的村民认为集体经济活动提升了村民对于集体的认同感。

以宁艾村为例。宁艾村位于张庄镇，是县里面数一数二的大村。近年来，宁艾村立足村情实际，按照"抓党建、强班子、保稳定、促发展、重民生"的工作思路，以党建工作为核心，带动工业园区建设、特色现代农业建设、旅游业建设，促进文化体育、民生事业、环境保护、设施建设并重发展的"一核三轮、四驱发展"战略，扎实开展工作，村级管理规范有效，村民实现增收致富。

近年来，宁艾村连续获得国家级、省级及市级各种荣誉称号，其中包括全国精神文明建设先进村镇、全国文明村、全国巾帼示范村，山西省新农村建设示范村、省级美丽宜居示范村，阳泉市党建示范村、乡村旅游示范村、乡村清洁工程星级示范村等。

宁艾村大力发展集体经济，全面推进"15111"产业格局。所谓"15111"，是指从农业、牧业、手工业等各个业态出发，建设1000余亩的设施农业蔬菜种植基地；发展500余头的奶牛养殖园区；建设1000头的鸵鸟养殖基地。还成立了年产1000余把紫砂壶的上艾紫砂工作室，采取多种措施，不断激发本土紫砂产业的传承和创新。另外，村里投资1000余万元发展乡村旅游"上艾莲花山"景区；推出了"宁艾压饼"杂粮食品。目前，莲花山乡村旅游项目初具规模，年接待量在30万人次；加大与高校的产学研协同力度，与山西大学签订"省校合作进农村战略合作协议"，为本村发展把脉问诊。

集体经济的发展使得宁艾村村民收入不断增加，从而有了更多的资金支持文化建设。从组织形式来看，宁艾村成立了太极协会、老年人协会、书画协会、戏迷协会等群团组织，在每年春节、元宵节、重阳节等节日举办文艺活动，丰富了村民的文化生活。还成立了党员、巾帼、爱心人士等多支志愿服务队伍，帮扶孤寡老人、生活困难家庭，形成了"我为人人、人人为我"的新风尚。

宁艾村坚持每年开展"党员评级""星级文明户"及好儿女、好媳妇、好婆婆、好夫妻、好邻里等系列评选活动，通过树立典型和榜样，不断增大对于表彰先进的力度，让文明新风吹遍乡村。加强农村文化阵地建设，对村文化图书室、阅览室、展览室进行室内墙体装饰，配套完善文化设施；对方便大家阅读的"农家书屋"改造升级，增加存书量；开展"十星"级文明家庭评比活动，成功推选"平定好人"，通过一系列文化宣传措施加强了社会安定团结，促进了和谐新农村的建设。

宁艾村利用新媒体力量，加大对于村民的教育力度。充分利用"学习强国""三晋先锋""村党总支党员微信群"等平台普及各种党政知识，丰富党政建设的内容和形式，搭建新时代文明实践基地、社会主义核心价值观教育基地，增加基层党员理论学习的来源和频率，充分发挥基层党组织战斗堡垒作用和党员先锋模范作用，从而以此为基点拉动全村其他各项工作的开展。

宁艾村党总支积极创新，推出一档以广播为媒介的晨读节目"宁艾早安"，内容涵盖政策解读、乡风民俗、好人好事、诗文朗诵、科普知识等各个方面。如今，这档节目成了宁艾人汲取知识的重要来源，也是宁艾人了解村党总支动态的重要内容。

在加强政治文化建设方面，宁艾村党总支强化组织管理、完善工作机制，保证村民的行为符合规范。出台了《党总支议事制度》《村民代表议事制度》《村民参政议政制度》《党员干部办事规则》等。宁艾村的重点工作、重要项目、重大决策，均严格按照"六议两公开""一事一议"的程序实施。宁艾村还推行党员承诺、践诺制和党员队伍晋位升级计划，村党总支每年承诺为民办5件实事，到年底向全村百姓"交账"；承办党务、村务的责任人，要在事前做出承诺，事中认真践诺，事后述职述廉。在建立健全村规民约的同时，宁艾村村"两委"不断完善红白理事会、禁毒禁赌会、道德评议会、村民议事会和民事调解会、治安联防队等村民自治组织，将全村划分为5个网格，实行网格化管理。

借助集体经济发展的春风，宁艾村党总支不断将工作做实、做细，通过各项措施努力规划宁艾村的发展路径，给村民提供各种一体化信息平台，改善农村人居环境，改善农村公共服务，推动农村建设文化。通过这些举措，宁艾村展示了一个新的更美丽的农村形象。

三　平定县农村集体经济发展对养老的影响

加强养老工作，有效应对我国人口老龄化是关系我国发展全局、关系亿万百姓福祉的大事。农村地区的老龄化表现出较明显的"空心化"、少子化、空巢化现象，留守老人、空巢老人的数量格外多。农民问题是"三农"问题的核心，而养老问题与"三农"问题叠加的农村养老问题更是关系重大。不同的专家对于农村养老方式有着不同的看法，有些人认为应该继续发扬传统的中国家庭式养老模式，发扬传统孝道对于养老的引领作用。并结合其他的方式使得家庭养老发挥最大功能，降低社会成本，通过道德约束、法律规定等方式巩固家庭养老的地位。另外有一些学者认为社会养老将会是未来养老的主流方式，随着传统农业社会的变革，以及大量的农村青年外出打工，需要通过农村互助，建设养老院等社会力量来帮助农村老年人进行养老，通过"新农保"等养老保险降低农村对于养儿防老的依赖。

目前比较主流的观点是家庭养老与社会养老相结合。目前农业的经营方式已发生了较大的变化，虽然农村联产承包制表现出土地集体所有且分户经营的特点，一家一户拥有生产的主动权的方式使得生产力水平不断提高，但是随着市场经济的不断成熟，这种经营方式使得土地不能大规模的流转，难以实现规模效应，导致农业成为我国效益最低下的产业，致使大量的青壮年劳动力外出务工，而把老年人留在农村。[①] 农业难以为社

---

① 赵强社：《农村养老：困境分析、模式选择与策略构想》，《农业经济问题》2016 年第 10 期。

会发展提供经济价值，且加重了农村养老的负担。因此，应该积极发展集体经济，一方面能够提高用于家庭养老的投入，另一方面可以修建养老院，将村里的老年人集中起来统一照顾。

平定县做到了立足当前、着眼长远，通过发展集体经济的方式，增加了用于村里养老的投入。根据前文所述，张庄镇宁艾村积极发展多种形式的就业，增加了用于社会保障的投入，目前宁艾村村民享受着许多福利，比如免除幼儿学杂费、学生作业本费；60周岁以上老年人每月享受生活补助；村民每年享受生活补贴、合作医疗补贴等，村民的获得感、幸福感、安全感大幅提升。

（一）冶西镇实践情况

根据收集到的有效的117份调研问卷，其中44名村民认为集体经济的发展帮助村民解决了育儿、养老等后顾之忧，占比38%。88名村民认为集体经济的发展提升了村民对集体的认同度，占比75%。

冶西镇以集体经济的收益为基础，为村里的老年人成立了孟家村老年日间照料中心。除春节期间停止运行1个月外，全年运行11个月。日间照料中心目前共服务用餐老人18人，每天为老人提供午、晚两餐，加上电费、炊事员和管理员工资等，共需资金近9万元。从资金来源来看，上级财政部门下拨113多万元运行经费，收取用餐老人伙食费1万余元，然后剩余的钱由村集体补充，可以说冶西镇的这一照料中心是以集体经济发展为基础建设起来的，为村民们提供了极大的福利，对于老年人的照管减少了年轻人的后顾之忧，使他们可以更好地服务于集体经济，增加集体经济所得，然后村集体会有更多的资金投入日间照料中心，形成了良性循环，村民们切实享受到集体经济发展带来的红利。

（二）石门口乡实践情况

石门口乡共有902名村民参与调研。其中，525名受访者表示在村集体经济中获得了社会性公共服务的收益（包括但不限于提供就业机会、技能培训、社会保险、科普、养老、医疗、环保等方面），占比高达58%。其中491名受访者表示曾经参与农村集体经济项目，比例高达54%。390名受访者认为所在村的集体经济活动为村民提供了岗前培训、指导和科普工作，占比为43%。351名受访者曾参与种植、采摘等农业项目。433名受访者认为家人因为其参与集体经济活动获得收益，比如享受到医疗的改善、养老的福利等。390名受访者认为集体经济的发展促进村民提高了知识和技能素质，212名受访者认为集体经济的发展帮助村民解决了养老、育儿等后顾之忧。436名受访者认为参与集体经济活动提升了村民对于集体的认同感。

石门口乡徐峪沟村老龄化严重，近年来，按照"党支部＋农民专业合作社＋农户"的生产经营模式，成立了天峪种植专业合作社，将黄牛养殖、连翘种植、土地返包作为撬动本村振兴的重要支点，激发集体经济发展活力。随着村集体经济的不断发展，全村经济发展顺利，村民的生活环境逐步改善，村民的满足感和幸福感逐步提高。每个村集体也有更多的资金投入养老和教育中。

在经济发展的带动下，敬老爱老民生工程已成为石门口乡的重点工作，近年来，乡政府在积极营造尊老敬老氛围。始建于2012年的石门口乡敬老院经过重新翻修，厨房、餐厅、洗澡间、活动室等一应俱全，老人们的居住环境大为改善。现在石门口敬老院住着11个老人，大部分是附近村的特困户，山西中建基础设施建设运营有限公司与石门口敬老院签订了互助协议，且有志愿者经常驻扎。在硬件设施现代化的同时，石门口养老院也密切关注老年人的精神生活，敬老院的医疗护理服务也定期开展。乡卫生院为老年人进行全面体检，并定期在敬老院进行免费门诊活动。通过这些有组织的安排，石门口敬老院的老年人真正享受到了老有所养和老有所乐。

根据统计数据，石门口乡的南坪村、南上庄村、西郊、小桥铺四个村通过发展集体经济创收的资金，连续三年投入养老事业。南坪村将租赁土地获得的收益每年拿出 20000 元用于改善村里老年人的基本生活。西郊村更是为全乡做出表率，近三年分别投入几十万元提高村民的生活水平，保证老年人安居，减轻村民的养老压力。

四 平定县集体经济对环境及人居环境的影响

在壮大集体经济、实现经济效益的同时，平定县各乡镇没有忽略社会效益，真正做到了经济效益和社会效益统一协调发展，实现人居环境显著改善，基础设施和基本公共服务进一步完善，农村社会治理能力得到提升，各乡镇集中开展了污水排放、垃圾清理及厕所改造等一系列环境治理工作，进行路面硬化和绿化建设，切实便利了老百姓的日常生活，提高了村民的满意度、幸福感和获得感。

课题组对平定县 2000 多名群众进行问卷调查，调查结果显示，近 60% 的受访者认为集体经济的发展促进了农村人居环境的改善，77% 的受访者认为集体经济的发展切实提高交通便捷性，超过 50% 的受访者认为集体经济的发展提高了供水、供电的便利性。在对农村生态环境进行调查时，42% 的受访者明显感觉到由于集体经济的发展最近环境有所改善，近 30% 的受访者认为集体经济的发展对于生态环境无影响，另外 18% 的受访者并未留意环境变化，仅有 10% 的受访者认为集体经济的发展使得环境有所恶化。根据问卷调查的结果，我们可以认为，总体来说，平定县集体经济发展在一定程度上提高了村民保护环境的意识，客观上促进了农村生态环境和人居环境的改善，使得人与自然能够更和谐的相处。后文以平定县部分乡镇的实践情况为例，展开介绍集体经济发展对于人居环境的改善。

（一）冶西镇实践情况

根据冶西镇的调研数据，在 117 名参与调研的村民中，94

名村民认为本村发展集体经济显著提高了人居环境水平，增加了村民对于集体经济的认同度。根据访谈可知，冶西镇集体经济的发展促进了村民居住环境的改善。包括北川、中川和南川在内的34个村集体重点关注垃圾处理和运输、厕所重建、河道整治、污水排放的问题。自专项整治以来，420吨垃圾被处理，建设了44个规范化的垃圾填埋场，改造了200个厕所。12个村有2612户村民家中实现了煤改气，8个村的335户村民实现了煤改电，8个村的730户村民实现了煤改醇，1个村的72户村民实现了集中供热。全镇享受到了清洁能源供暖。还对镇上24家企业进行常态管控，对两个矸石山实施了煤矸石生态修复工程。

冶西镇孟家村整修供水管网、排水管网，新建入村挡墙；大南庄村铺设排水渠，修缮进村口护坡；原坪村修建健身广场、照壁、公厕，硬化街道。2019年以来，冶西镇按照阳泉市农村人居环境整治行动要求，在确保"三清一改"全镇全覆盖的基础上，突出区域重点，打造精品亮点，着力开展农村人居环境整治"五大专项行动"，推动了美丽乡村建设由点向面的拓展。

农村人居环境整治工作是实现乡村振兴的"第一场硬仗"。2019年，阳泉市出台《农村人居环境整治行动计划》，明确提出要开展拆违治乱、垃圾治理、污水治理、"厕所革命"、卫生乡村"五大专项行动"，推进乡村振兴战略实施，建设美丽宜居乡村。对此，冶西镇以《农村人居环境整治行动计划》为指导，按照因村制宜的原则，建立健全了农村人居环境管护长效机制，并出台了《冶西镇农村人居环境整治行动方案》，提出要打造一片、提升两村，集中推进农村人居环境整治。位于中川水库上游的赵家村、小南庄村、马家庄村、孟家村等7个村，是此次人居环境整治的重点。工作中，冶西镇按照地域相近的原则，将7个村划分为一片，集中打造、共同整治，治理成效显著。

在完成好重点区域整治的同时，冶西镇还着力在一些村庄打造亮点景观。全镇在2018年打造苇池村和上南茹村成为人居环境整治市级提升村的基础上，在2019年分别确定了赵家村和原坪村为市、镇两级人居环境整治提升村。赵家村建起平西革命根据地纪念馆，全村道路硬化2000米，护墙美化300米，绿化广场1500平方米，修建停车场1000平方米等。原坪村修建了健身广场、文化墙、公厕，硬化了街道，修缮了灯箱、路灯、污水管道等，基础设施明显改善，农村生活环境发生了很大变化。此外，冶西镇创新管理机制，将集中环境整治项目纳入城市年度投资计划，确保整治措施严格按计划落地。同时，加强保障措施，成立环境综合管理工作小组，统筹组织、领导、监督和考核归口管理。城市和农村地区充分利用广播，广泛宣传改善农村人类住区环境的重要性、政策和措施以及良好做法、经验。根据整改结果，冶西镇实行定期报告和检查制度，加大监督力度，对工作较好的村年终考核评优，对工作效率低的村进行约谈。采取严格的奖惩措施确保改善农村生活环境措施的有效性。

（二）娘子关镇实践情况

娘子关镇有174名村民参与了调研，其中127名村民认为集体经济的发展显著提高了人居环境，占比高达73%。

娘子关镇在发展文化旅游和文化产业的基础上，积极加强人居环境建设。如对街道进行平整化和硬化；修建垃圾场；对旱厕进行改造等。旅游业的发展也使得娘子关村的村容村貌发生了很大变化，如马路上分类垃圾桶错位摆放，平坦的路面上几乎看不见垃圾，改变了过去农村环境脏乱差的形象。为了保持村内环境整洁，娘子关成立了由20余名村民组成的垃圾收集运输队，分工明确，组织有序。运输队成员每天对村里的所有街道进行整理后，由专人进行检查。清洁工的工作也提高了人们的环境意识，减少了村民和游客的浪费。

随着文化旅游的持续快速发展，娘子关村还实施了一系列改善人居环境的项目，如自来水入户、煤改电、污水处理、街道照明等，这些项目切实提高了村民的幸福感和满意度。目前，借助集体经济的发展，娘子关村随处可见整齐的楼房，村民们的生活环境更整洁、便利。

（三）东回镇实践情况

东回镇共有 130 名村民参与调研。其中，102 名受访者表示在村集体经济中获得了社会性公共服务的收益（包括但不限于提供就业机会、技能培训、社会保险、科普、养老、医疗、环保等方面），占比高达 78%。84 名受访者认为所在村的集体经济活动为村民提供了岗前培训、指导和科普工作，占比高达 65%。66 名受访者表示曾经参与农村集体经济项目，比例高达 51%，77 名受访者曾参与种植、采摘等农业项目中，比例为 60%。34% 的受访者认为开展集体经济活动后环境没有明显变化，45% 的受访者认为最近的环境有所改善。68% 的受访者认为集体经济的发展改善了人居环境，58% 的受访者认为集体经济活动提升了村民对于集体的认同感。

以瓦岭村为例。瓦岭村位于平定县城东南 30 千米处，属于东回镇。这里是典型的太行山黄土高原地貌。前些年，集体经济举步维艰，过庙唱戏靠集资，离村人数越来越多。2017 年新任领导上台后，瓦岭村的村"两委"把原本"一成不变"的老瓦岭变成了一个活色生香的网红村、游客如云的热点村，成了"山西省改善人居环境示范村""山西美丽休闲乡村""山西省十佳人气民宿"等，被评为中国传统村落、中国历史文化名村。

在过去的几年里，村集体筹集了田间机耕道路建设资金，对长约 15 公里的道路硬化加固，硬化后的道路连接了周边几个村。这大大便利了村民的农业生产活动，有效地保障了农业生产安全，同时方便了旅游者来瓦岭村旅游。2019 年，村委会与上级的部门协同联动，实施"煤改电"项目。改造完成 582 户村民煤改电，安装了 1742 户用电暖器，改造了 139 个电表。2021 年，瓦岭村和所处景区安装了 200 盏太阳能路灯，集体经济的发展切实提高了村民的生活质量。

东回镇认真落实镇党委提出的"门前六包"责任制，完善照明标准和指标，按照"河清、水净、路绿"的总体要求，制定可持续发展规划。具体负责人采取有效措施改善和清理重点路段。逐步改善和清洁村庄环境，进一步改善村庄环境。如2018年，为了提高东回镇村民的日常生活便利性，投资建设了公共浴室。2019年，大力推进"厕所革命"，改造农村传统的旱厕。2021年，修建整修了民宿院落，形成了民宿一条街并修通"苍松独秀"及"清潭映月"自然景观的旅游线路。

（四）锁簧镇实践情况

锁簧镇共有238名村民参与调研。其中，171名村民认为集体经济活动为其带来了社会公共性的收益，占比高达72%。25%的村民认为开展集体经济活动对于环境没有较大影响，49%的村民认为通过开展集体经济活动环境有所改善。63%的村民认为，集体经济活动的开展改善了村民人居环境。比较突出的案例为东锁簧村和马家锁簧村。

随着集体经济的不断发展，东锁簧村实施村庄清洁行动，完善街道环境整治，提升人居环境质量。东锁簧村利用过去大中型水库移民的扶持项目资金，逐年分步实施官房街东段、朝阳街西段街道环境整治和长寿山农民公园维护。开展基础设施建设，建设桥梁，修建机耕道，锁簧河道疏浚治理。居民区污水改造工程逐年分段实施，农村三清一改清洁整治措施落实，村里道路、公共街道整顿，环境卫生、美化，做好街道中心郊野公园和和谐文化广场公共设施的绿化维护工作，逐步完成居民区维护改造、污水处理工程和居民区污水改造工程。按照煤矿补贴区搬迁安置项目可行性研究的结果，按照国家发改委的要求，完成了路东街采煤沉陷区治理搬迁安置项目，完成了人口搬迁实施方案。建设新型的农村住宅，创建新的集镇，彻底改善东锁簧村的面貌。

马家锁簧村积极改善农村环境，清理"四堆"，实施"煤改电"工程，开展"厕所革命"，建设文化广场，努力建设美丽村庄。村口的新建河道，是马家锁簧村2022年主要的生态重建工程之一。马家锁簧村组织村民对368米长的河流进行了机械清理，清除了6000多立方米垃圾和泥浆，修建了4个大坝和水库，并设置了排水管道，加固了两岸的堤坝。与此同时，马家锁簧村还加强了沿国道207号线的生态卫生工作，组织机械和人工拆除800平方米的违规建筑物，种树种花。马家锁簧村的村民们也逐渐认识到改善环境是振兴农村的基础。环境的改善也为集体经济的发展开辟了新的途径。

第六章　平定县农村集体经济治理的推进路径

第一节　平定县农村集体经济模式的现实问题

一　新型农村集体经济的发展进程

（一）新型农村集体经济发展的轨迹

改革开放以来，集体经济的发展经历了一个曲折的过程。党的十一届三中全会开启了农村经济体制改革大幕，实行了统分结合的家庭联产承包双层经营体制，土地的使用权和承包经营权分开。1983年开始政社分开，强化了乡镇的行政职能。同时，乡镇企业异军突起，促进了农村和农业的迅速发展。村办企业及乡镇企业蓬勃发展，集体经济得到增强。进入20世纪90年代后，绝大多数村办集体企业改制，村集体经济发展进入低谷期，在很多农村，村集体经济几乎不复存在，甚至变成了"空壳村"。

在改革开放不断深化，特别是农村、农业改革不断深化的进程中，党中央高度重视发展农村集体经济。党的十七大报告首次明确提出"探索集体经济有效实现形式"[①]，党的十八大报

[①] 胡锦涛：《高举中国特色社会主义伟大旗帜　为夺取全面建设小康社会新胜利而奋斗——在中国共产党第十七次全国代表大会上的报告》，人民出版社2007年版，第24页。

告再次强调"壮大集体经济实力"①，党的十九大报告又一次重申"深化农村集体产权制度改革，保障农民财产权益，壮大集体经济"②。党的二十大提出"巩固和完善农村基本经营制度，发展新型农村集体经济，发展新型农业经营主体和社会化服务，发展农业适度规模经营"③。同时，各地在实施乡村振兴战略、推进乡村治理的过程中，也逐渐意识到壮大集体经济的重要性，开始重新审视集体经济发展的问题。仅靠政府和社会组织"输血"，只能暂时改变乡村面貌，在当前财政投入不足的情况下，要实施好乡村振兴战略，最根本的途径就是发展壮大村级集体经济。实践也充分证明，只有集体经济强大了，才能巩固好扶贫脱贫成果，农民的收入才能持续增加，才有能力持续办好村里的各项公益事业，基层党组织才能发挥好领导的核心作用，才能有更多的话语权引导农民群众树立社会主义荣辱观，才能更有效地破除陈规陋习，树立健康文明的社会新风尚。

（二）新型农村集体经济的科学内涵

我国农村集体经济从"传统"向"新型"的转变，其背后的根本机理在于在我国的社会主义基本经济制度。相较于传统农村集体经济，新型集体经济是一种更加强调归属清晰、权能完整、流转顺畅、保护严格的经济形式。当前主要以村级组织主管运营的集体股份经济合作社或联合社为载体运作，合作形

---

① 胡锦涛：《坚定不移沿着中国特色社会主义道路前进 为全面建成小康社会而奋斗——在中国共产党第十八次全国代表大会上的报告》，人民出版社2012年版，第23页。

② 习近平：《决胜全面建成小康社会 夺取新时代中国特色社会主义伟大胜利——在中国共产党第十九次全国代表大会上的报告》，人民出版社2017年版，第32页。

③ 习近平：《高举中国特色社会主义伟大旗帜 为全面建设社会主义现代化国家而团结奋斗——在中国共产党第二十次全国代表大会上的报告》，人民出版社2022年版，第31页。

式由传统劳动联合扩大为劳动、资本与技术联合兼有，农村集体成员利用集体所有的资源要素，通过民主管理、合作经营、科学分配，实现共同发展。但是，必须强调的是，新型农村集体经济仍然是农村集体经济，其原则是坚持集体资源或资产集体所有，目标依旧是实现共同富裕，其"新"主要体现在以下五个方面。

一是集体所有，产权清晰。经过农业集体产权制度改革，集体资源与资产被明确，集体成员摸清了集体家底，集体资产的使用权也被明确到了各个层次的农业集体经济组织的每个成员，并依法规定由农业集体经济组织代表组织成员行使集体财产权，各个成员均按占有的集体资产份额获得利益。

二是成员明确，紧密联系。新型集体经济组织对成为集体成员的农户的认定标准明确、准入严格、过程规范，集体成员与集体经济的关联更加明确与直接，真正实现"人人有份、人人有"，从而更好地提高了农村居民关心本村集体经济发展的主动性与积极性。

三是民主决策，科学管理。新型农村集体经济通过引入现代公司管理理论与制度，通过成立股东（成员）大会、理事会、监事会等，形成了严密且相互监督、相互制衡的集体组织架构，使得对集体经济事务的决策与管理方式更加有效、科学与民主。此外，为进一步提升管理效能，有的集体经济组织还会采用聘请职业经理人的方式，使农村集体经济组织能更好地利用现代公司管理方式。通过构建民主决策模式、完善管理体系，集体成员的意愿得以体现，集体经济的活力得以激发。

四是经营多样，模式创新。新型农村集体经济跳出传统一产与二产框架，通过摸清与盘活集体资源与资产，寻求多方力量支持，推动产业结构转型升级，拥抱多种所有制经济，实现协同发展，充分释放群众智慧、利用好市场功能，当前已经探索出创办合作社、建立全资企业、开展股份合作、跨村抱团发展等多种模式，构建起多业态打造、多主体合作、多要素投入、多机制协同、多模式推进的集体经济发展新形式。

五是收入透明，科学分配。新型农村集体经济通过衡量各成员贡献的生产要素配比或成员持有的集体经营性资产份额（股份）来进行利益分配。在对外合作中，则通过建立村集体与各类外部市场主体的利益联结和收益共享机制来进行分配；在内部分配中，则统筹分配与积累，兼顾集体福利与成员增收，集体收入优先用于村级与集体公益、福利与帮扶，既能有效保护集体和成员的合法权益，又能充分调动各类市场主体参与集体经济事务的积极性。

（三）新型农村集体经济发展中面临的困难与挑战

据表6—1，2020年底，将近80%的村集体组织具有经营收益，相较于2016年有了明显提升。然而，仍有不少村集体组织的经营收益为零或小于5万元，年经营收益超过50万元的村集体占比不到5%，即"空心村"问题仍然广泛存在，农村集体经济发展不平衡不充分问题较为突出。

表6—1　2016—2020年全国各村集体组织经营收益情况分类　（单位：万个）

经营收益情况	2016	2017	2018	2019	2020
汇入本表村数	55.9	56.3	54.6	55.4	54.0
当年无经营收益的村	28.7	26.1	19.5	15.9	12.1
当年有经营收益的村	27.2	30.2	35.1	39.5	41.9
经营收益5万元以下的村	13.1	13.7	15.2	16.0	12.5
经营收益5万—10万元的村	5.7	6.6	8.3	9.9	11.5
经营收益10万—50万元的村	5.2	6.2	7.6	9.4	13.2
经营收益50万—100万元的村	1.4	1.6	1.8	1.9	2.3
经营收益100万元以上的村	1.8	2.1	2.2	2.3	2.4

数据来源：整理自《中国农村经营管理统计年报》。

对于这一发展现状，学界已从组织制度、人才队伍建设、土地利用等方面进行子诸多分析。第一，组织制度方面。集体经济组织缺乏法人主体资格导致了相应管理组织的缺位，在对资产的管理上缺乏法律效力，且不能取得合法营业资格和组织机构代码，严重影响了集体经济的正常运营。第二，人才队伍建设方面。当前我国农村集体经济人才队伍仍面临质量落后、发展与培养机制不完善、相关保障不充分等现实困境，其背后是城乡二元结构导致的劳动力外流、基层干部群体激励不足、村集体主体成员教育水平偏低等结构性问题。第三，土地利用方面。当前耕地存在抛荒的问题，除农业相对收益低、基础设施条件不好、土地细碎化等问题以外，主要还是因为耕地流转市场不完善、耕地退出机制不健全，同时，由于信息不对称，耕地流转市场的范围有限、流转的方式比较单一。

由此可见，无论是传统农村集体经济的日渐式微还是当前在新型农村集体经济建设过程中存在的问题，其背后或多或少有着来自农村组织制度层面的影响。接下来，我们将以平定县为例，进一步分析其原因及根源。

二 平定县农村集体经济发展面临的困难与挑战

必须承认的是，平定县自身长期存在的自然条件问题是客观存在的、难以在短时间内改变的。一方面，平定县地处太行山区，一直以煤炭、矾石资源开发为主要产业，由于境内耕地多为山坡梯田，且小块地居多，农业发展较其他县、区没有任何优势，导致本地人从事耕种事业的积极性不高；另一方面，平定县旱地占全县耕地的99%，基本没有灌溉农田，特殊的条件决定了本地主要种植玉米、谷子等高耐旱型作物，但此类农作物在山西本地没有销售终端，多靠商贩中间转卖，导致收购价格低、农民收入微薄，进一步影响了平定县农村的农业发展。

但是，上述问题并非平定县独有，也是我国大部分长期未能发展起来的农村地区所共有的客观问题，因此，面对上述客观局限性，如何充分发挥人的主观能动性，找准切入口、走出属于自己的新型农村集体经济发展道路，这才是我们要重点关注的问题，后文将从认知困境、基层局限与用地受限三个角度出发，找准症结，讨论平定县发展新型农村集体经济的最核心问题所在。

（一）认知困境

当前，在平定县农村集体经济发展的进程中，影响最为显著的是一些村的村干部对于发展新型集体经济重要性的认识有限，对党和国家的最新意见仍存在理解不透彻、学习不到位的问题，导致在贯彻中央系列文件要求发展新型集体经济这件事上缺乏工作动力与工作思路，存在消极保守怕失败的思想，难以在政策传达、工作规划以及组织成员推进上形成强有力的引领推动作用，导致部分村的集体经济发展进度不及预期或发展方向不清晰。我们认为，认知困境在平定县各村普遍存在，需从村干部自身和集体经济组织成员两方面来理解剖析。

一是村干部的认知困境。改革开放40多年来，我国发生了翻天覆地的变化，对于基层干部知识的快速更新提出了极高要求，尤其是对于农村基层干部来说更是如此。因此，村干部的学习意识与学习能力直接决定了一个村能否与时俱进适应并引入先进的发展理念，能否因地制宜、扬长避短选择最适合自身情况的发展模式与项目。当前，平定县各村普遍存在区域统筹程度低的问题，县内各村集体经济发展情况与水平存在差异，集体经济薄弱村在管理方法、发展理念和经济禀赋上都处于相对弱势，而经济基础好的村也存在"有钱难办成事"的问题。同时，即使开发了产业，也存在规模经营不足的顽疾。

平定县村干部在发展新型集体经济的过程中存在的认知困境，固然有其自身能力及认知限制的因素存在，但归根结底，最根本的原因仍然来自农村长期遗留的、根深蒂固的体制问题。

行政村长期以来都是经济组织、政治组织与社会组织功能"三合一"的综合性基层组织，然而，随着家庭联产承包责任制的推行，村级集体组织的经济职能大大弱化，而村集体所承担的政治与社会职能反而不断拓展扩容，根据《中国农村政策与改革统计年报（2019）》的数据，2019年全国农村集体经济组织的非经营性支出占到村均总支出的77%，即对农村公共事业的投入占比将近八成。在城镇属于政府职能的社会公共服务支出在村集体经济组织支出中的占比提升，直接与公共财政对农村公共服务与社会保障投入水平降低相对应。基于此，以土地为代表的农村集体资源性资产进一步成了维持农村基础社会服务与社会保障的重要物质基础，而在农村集体经济建设过程中需要大力发扬的经营性资产性质则受到抑制。因此，一方面，不同村级组织权能关系混乱，使得集体经济组织在大力发扬自身的经济职能的同时，无法摆脱承担综合性职能的局面，这大大挫伤了村干部在发展土地经营性质时的积极性。另一方面，对于广大农村地区而言，土地资源是得天独厚的优势，但是，依靠土地资源的农产业项目风险高、投资大、见效慢、周期长，短期内无法产生明显收益。此外，缺少有效的激励机制和容错纠错机制也是一大阻碍。较多组织采取的经营模式都比较单一，主要是通过投资其他经营主体收取固定分红，风险较小，但收益也相对不尽如人意，这对于激励村干部发展集体经济造成了负面的影响。

二是集体经济组织成员的认知困境。一方面，农村集体经济组织内部结构不合理与外引人才困难，年轻人缺乏、组织成员年纪普遍偏大、受教育程度普遍偏低的特点容易导致集体经济组织缺乏活力，变革积极性不足，"老人农业"的现象已成为制约集体经济组织乃至我国农业发展的现实难题，这种现象在平定县也较明显。大量农村居民进城，留守在农村的多是60岁以上的老年人，农村年轻人断层的问题日益凸显，导致农村发展缺少生机和活力。

从学历结构来看（见表6—2），2016—2020年，我国农村居民家庭户主拥有大专及以上文化水平的占比不到2%，且五年间受过高等教育的人口比例并未明显上涨，而根据2020年第七次人口普查数据，我国大专及以上文化水平的人口占比已达到15.5%，相比之下，农村居民文化素质远远落后于社会平均水平。平定县作为农业县，近年来落实省级"万人乡村计划"，按照行政村数量招聘了218名到村任职大学生，但大多数大学生被乡镇、县直单位借用，没有真正用到农村一线，全县农村干部队伍年龄整体偏大、文化水平普遍不高，缺乏产业发展、乡村振兴的专业性人才，而乡土人才因没有更优厚的政策和待遇，回乡发展的积极性不高。

表6—2　　　　2016—2020年农户户主文化程度分布　　　（单位:%）

文化程度	2016年	2017年	2018年	2019年	2020年
从未上过学	3.3	3.2	3.9	3.6	3.4
小学程度	29.9	29.8	32.8	32.5	32.3
初中程度	54.6	54.7	50.3	50.8	51.3
高中程度	10.7	10.8	11.1	11.2	11.2
大学专科程度	1.2	1.3	1.6	1.7	1.6
大学本科及以上	0.2	0.2	0.3	0.3	0.2

数据来源：整理自国家统计局相关数据。

新型集体经济模式的开发与建设本身是一种重大的制度变迁，而制度变迁的真正实现，从根源上来说，还是来自集体文化与观念的变迁。这种制度变迁在平定县仍尚未完成。在农村集体经济组织成员自身素质及学习积极性偏低的情况下，农村集体经济组织人才队伍的发展与培养机制也不完善：一方面，缺乏有效的引入机制，难以真正吸收引入人才，主要表现为集体组织缺乏与高校、劳动市场的有效联结，难以从"源头"吸引人才；另一方面，吸引人才真正留住的配套措施设计不足，如人才参股入股机制难以普遍落实，个人与集体利益未实现有效联结，且农村社区长期以来封闭性极强，集体经济内部多已形成稳定的权力集体，而这种机制普遍具有排外性，导致人才对于集体组织也缺乏归属感，难以真正地留下人才。最终，导致了农村集体经济组织成员结构的失衡，不仅难以真正从内部形成对集体经济模式的可持续推动，更无法适应我国农村地区日新月异的制度变迁。

另外，我国当前农村集体经济组织的发展与推广存在的阻力虽然主要来自认知上的局限，但是，其实是合作经济理论与我国农村传统村情的碰撞，而在实践中则具体表现为新建立的集体经济组织与其他传统村级组织之间关系融合与协调的问题。

受传统体制形式制约，平定县的乡村集体经济组织的管理功能和村委会的管理功能一直保持重合状况。一是组织的社会功能定位不明确。一些农村集体机构同时担负着本应属于公共财政任务的社区事务与社会事业，使得自身负担过重，反而无法做好集体经济事务运营。而这些财务任务实际上是由村委会、街道负责，集体组织自身也只承担收益分配这一角色，因此并不能发挥、发展好集体经济。二是村集体委员会理论上的开放性与集体经济组织实践中的封闭性存在冲突。一方面，流入的人口作为常住人口必然存在参与村级公共事务决策的政治与经济需求。另一方面，大多数集体经济由于依托村内已有的公共资源与资产，而这些要素会被村内"原住民"集体视为自身所有，导致在利益分配上具有严重的排他性，外来者的能力、资源与资产难以投入。因此，村集体与集体经济组织在权利上的部分重合，极易使得农村集体经济组织在治理上难以实现乡村振兴的"治理有效"。

（二）基层局限

在平定县各村发展村集体经济的过程中，另一个重要的、影响发展速度的问题在于，现有的一些村干部能力欠缺、视野高度有限、知识更新缓慢，导致他们在选择作为集体经济主体的发展项目时十分"无力"，无法较好地评估建设项目的适宜性、可行性、可持续性与发展前景，在一定程度上导致错失了一些宝贵的发展村集体经济的机会，同时，即使引入了合适的项目，也常常在后续的经营推进过程中缺乏长期经营的内生动力，一些村集体闲置资产较多，亟须加大产业项目招商引资力度，盘活村集体闲置办公用房、学校、厂房、仓库等，更好地因地制宜发展好新型农村集体经济。

平定县村一些基层干部的"无力"来自两方面：一方面是受到干部自身的经历、受教育水平、信息获取能力等的主观限制，且村集体经济人才队伍的发展与培养机制不完善，使得一些村基层干部群体对集体经济模式的推进缺乏可持续性与发展性；另一方面，平定县的农村集体经济建设仍然处于各地自由探索建设的阶段，尚未形成系统的理论与普适性的推广模式，因此导致了一些村干部在农村集体经济运营管理上的理念、理论、经验与实践的欠缺。

就第一个方面而言，作为集体经济组织负责人与领导人，目前平定县的村干部仍然存在专业化程度不高的问题，集体经济组织专业人才缺乏。前文分析表明，在当前农村集体经济组织与其他村级组织职能交叉的情况下，包括平定县在内的绝大多数地区对村干部的选拔仍然侧重其行政管理能力而非市场经营能力，绝大部分兼任村级集体经济组织负责人的专业化市场运作管理水平有限。此外，由于村干部任期固定，可能出现集体经济组织负责人更迭导致市场发展目标变动和组织运营短视化的现象。同时，对集体经济组织经营缺乏长效问责机制，也容易导致集体经济组织负责人采取只顾眼前利益、自身利益，而忽视集体经济长期发展的机会主义行为。在村庄内部专业人才缺乏、村庄外部人员难以融入的情况下，集体经济组织缺乏有效的人力资源供给。特别是，当获得政府支农资金和支农项目后，由于缺少技术人员和专业知识，村集体大多会将项目转包给当地专业企业或专业大户，通过收取手续费、管理费或分成的形式获得收益。这表明，农村集体经济组织在很多地区尚未成为一个能产生经济效益的单元。这些问题在平定县仍然存在不同程度的体现。

从另一角度来看，平定县的大多数地区尚未形成规范的法人治理结构，集体经济组织存在管理与运营方面的突出问题。首先，资产管理方式与相关业务专业度较差，使得经营项目的盈利能力不足。对于乡村振兴而言，集体经济组织的资产管理发挥着重要作用，但由于土地资源整合尚存缺陷，村集体建设用地、坡地荒地等重要资源尚未得到充分利用。其次，村集体经济组织机会主义频发。一是存在管理者的道德风险问题。当前，层级上报仍然是村集体经济组织人才任用的主要形式，村委会的"老人"拥有较大的决定权，可能会选择与自己关系亲近而不具备胜任能力的人员，人才梯队搭建方面潜在问题。二是组织成员的"搭便车"行为，往往因对组织事务决策与管理的参与感较低，成员缺乏应有的参与权因此导致积极性降低，客观上产生了"搭便车"行为，这让集体经济组织共同决策的民主行为失去了应有的积极作用。

从农村集体经济发展的根本出发，一方面，农村集体经济组织享有的政府财政资金支持的所有权均归集体所有，所有成员都理应获得集体组织产业发展的分红或利润，然而，在实际执行中，对集体经济发展负责的是组织法人单位和少数核心成员，使得农村集体经济组织的责权利不对称。组织与成员之间的利益关系捆绑不够紧密，因此，无法建立起风险共担、收益共享的利益共同体关系。在这样的利益与责任关系下，尤其是在集体经济组织运作难以产生经济效益的情形下，组织成员投入集体事业的意愿也会逐步消退，只关心眼前利益，不关注组织长期发展目标。另一方面,即使组建了股份合作的农村集体经济组织,引入股权界定、股权界定、资产量化与资产管理等改革工具,但在实际运营中更为关键的人事、项目管理上,集体组织仍然会受到行政制约,从而出现因人设岗、交叉任职、干部空降等问题,民主管理与民主决策难以有效实施。

此外,由于对集体经济建设项目自主选择与自主经营的困难,叠加缺钱、缺人、缺思路、缺平台等的客观问题,目前平定县仍存在一些"薄弱村""空壳村"。这些村落的发展主要靠地方政府的政策资金支持。在实施项目、开展经营活动的过程中,也主要是依靠相关部门监督管理,自身内在发展动力不足,集体经济组织的内部治理结构并未有效发挥作用。

(三) 用地受限

平定县部分村受到建设用地指标的限制,导致一些合适的项目没有条件落地,错失了一些开发好、利用好本地集体土地资源的机会。这主要源自我国土地要素市场仍然不完善,且在城乡之间发展不平衡、不统一,尤其是农村的集体建设用地基本被排斥在土地市场之外。

从总量上来说,当前农村越来越多的年轻人选择进城务工,许多地方都陷入了人口流失困境,农村大量可用土地被闲置,导致严重的资源浪费,因此,对闲置土地资源进行开发和利用是当前农村集体经济模式建设与经营的重要途径,包括农田托管、田地入股合作社等。然而,一方面,在平定县各村的年轻村民自发性外流严重的同时,广泛存在农村劳动力进城但不愿意退出宅基地的现象,不仅带来乡村"空心化",更导致农村宅基地闲置浪费、耕地抛荒、留守农户"愁播种、愁秋收、愁卖粮"的问题,最终造成撂荒地一年比一年增多。另一方面,在法律实践中,集体经济组织作为一种特殊的法人,基于前述的封闭性、社区性特征,其破产重组不具有可操作性。虽然集体经济组织大多完成了登记赋码,但在与其他市场经济主体合作、签订交易合同时，因未完成工商注册登记，依然无法成为平等的市场交易主体。集体经济组织即使在少数地区的地方政府大力扶植下被工商注册为经济法人，也难以被其他市场主体所认可，这影响到其作为独立的市场经营主体参与市场竞争的能力。在普遍的权利厘定和保障尚未实现的前提下，绝大多数实行股份合作制的集体经济组织通常以"瓦片经济"、征地补偿等为主要收入来源，集体经营性资产持续盈利能力和投资能力非常有限。例如，中国社会科学院农村发展研究所2020年的调查结果显示，多数村庄集体投资收益等相对稳定的经营性收入占总收入的比例较低，多数被调查村庄的集体经济主要收入来源并非经营性收入，企业上缴收益、投资收益两项仅占23%，远小于政府补助收入（34%）。[①] 可见，多数村集体经济更多依赖政府奖补收入或其他收入，并没有真正实现新型农村集体经济模式的有效运作与拉动带动作用。

从结构上来说，我国农村土地分为宅基地、公益性公共设施用地和经营性用地三大类型，即农民从事二、三产业及其居住生活的空间承载地，包括农村居住用地、农村公共服务及基础设施用地、村办及乡镇企业用地等。然而，在当前农村"空心化"的趋势下，在实行家庭联产承包制时已经按类型做好分类的农村用地，往往会出现特定类型土地（如宅基地）闲置或荒废的问题，换句话说，在家庭联产承包制时对土地进行的刚性分类在今天的适应性不高，对土地用途的严格规定在一定程度上影响了农村集体经济组织对土地的统筹规划，限制了农村集体经济模式的发展想象空间。

土地资源是农村集体经济的基础与核心资源，无论是传统农村集体经济整合农业劳动生产力，还是在当前发展新型集体

---

① 陆雷、赵黎：《从特殊到一般：中国农村集体经济现代化的省思与前瞻》，《中国农村经济》2021年第12期。

经济的过程中创新各类村民合作模式，其本质都是想尽可能地利用好农村居民所特有的"土地"这一资源，而新型农村集体经济则相比而言更加强调发挥土地资源的资产属性，例如村民利用土地入股，因此，可以说，农村土地的性质和管理办法与我国农村地区发展息息相关，甚至在很大程度上能够左右各村选择的发展模式与发展路径。

因此，根据对我国农村土地重要性的理解，早在农村集体产权制度改革以前，国家就制定了《关于农村土地征收、集体经营性建设用地入市、宅基地制度改革试点工作的意见》（以下简称"三块地"改革试点）。从2015年开始，在全国33个县市区进行了为期五年的"三块地"改革试验。在前期农村土地承包权"三权分置"的基础上，探索提高农民集体土地征地拆迁补偿标准，扩大集体经营性建设用地入市范围。在"三块地"改革试点经验的基础上，国家又对《土地管理法》进行了再次修改，完善了集体经营性建设用地用益物权制度。由此，集体经营性建设用地作为农村集体经济核心要素，与城市国有建设用地具有了同等的用益物权。在此背景下，我国集体经营性建设用地与国有土地"同地同权"的制度架构已经基本形成，集体经济土地资产的经济效应逐步凸显，明确好了作为重要资源与资产要素的土地权问题，这为我国新型农村经济发展奠定了重要基础。

在"三块地"改革试点的基础上，2016年，中共中央、国务院印发了《关于稳步推进农村集体产权制度改革的意见》，在改革目标中首次明确提出要明晰集体所有产权关系，发展新型集体经济，以此为起点，我国农村地区以集体土地为基础的经济发展模式焕发全新生命力。2018年，习近平总书记在集体学习时指出，要准确把握乡村振兴战略的政治方向，要正确认识农村土地集体所有制性质，通过发展新型集体经济走共同富裕道路。

从理论结合实践的角度进行概括，新型农村集体经济是在原有农村集体经济基础上的创新和发展，相较于传统农村集体经济强调通过农业劳动力的联合充分挖掘土地作为资源性资产的潜力，发展新型农村集体经济，从制度变迁的原理上来说就是将土地的资源性资产性质拓展为经营性资产性质。首先表现为，对于集体所有的经营性资产，新型农村集体经济实行确权到户和股份合作制改革，通过一系列改革探索，当前模式初步解决了归属不明、经营收益不清、分配不公开、成员的集体收益分配权缺乏保障等突出问题，促进了新型集体经济发展。不容忽视的是，当前的改革仅仅针对经营性资产，新的集体经济虽然得到了发展，但总体上处于规模小、实力弱、区域差别大的状况。从全国范围内的改革实践来看，集体经济发展较好的模式主要包括资产使用权入股、物业经济和城郊村资源出租，在工商业等方面竞争力明显不足。人均分红占农民可支配收入的比例较低，2019年的数据显示全国农村集体成员人均分红只相当于当年农民人均可支配收入的0.6%。通过经营发展的集体经济模式仍然存在较长的发展路径，如果仅仅依赖占有与使用资源要素的这一有限形态，新型农村集体经济的发展进程仍然困难重重。

此外，值得注意的是，目前平定县强村有各种便利条件、基础设施，招商引资和产业发展的能力相对较强，弱村受地理条件、历史因素等影响，发展的水平低下，近年来各村逐步探索发展产业，但苦于没有资金，巧妇难为无米之炊，虽然中央、省、市、县配套了一部分支持农村产业发展的资金，但是只能解决一些村的燃眉之急，大部分农村资金短缺，这成为发展的制约瓶颈。

根据图6—1，2018年山西省集体经济完成投资额占省内完成投资总额的比例远低于全国平均水平，不难发现，排名靠前的福建、山东、天津、广东等地均为村集体经济建设发展活跃的省份，对固定资产的投资占比也随之处于相对高位。相比之下，山西省的农村集体经济建设仍有在土地资源开发利用上投资的极大空间。

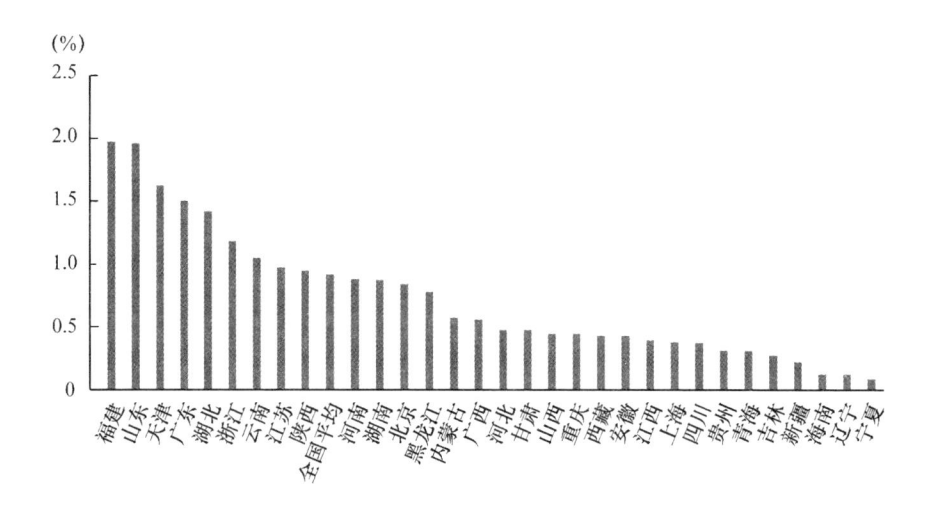

图6—1　2018年全国各省、直辖市、自治区集体经济
完成投资额占总完成投资额的比例

数据来源：整理自《中国固定资产投资统计年鉴》相关数据。

同时，新型农村集体经济也并不仅仅基于集体所有资源与资产，将经营基础扩展到更为广泛的非集体所有资产，这一类的集体经营模式当前正在我国农村地区如火如荼地发展与推广，已经成为新时代我国新型农村集体经济的重要组成部分与重要发展点。因此，合作经济同样是我国新型农村集体经济的一种重要类型，不应将合作经济与集体经济割裂看待，《宪法》中也将当前我国农村地区广泛存在的各类合作经济模式视作社会主义劳动群众集体所有制经济，其根据在于，根本而言，合作经济与集体经济均是对资源要素的共同占有与使用，区别仅仅在于该资源要素的所属。

2013年中央1号文件首次提出"合作社联盟"概念，2017年底，修订后的《中华人民共和国农民专业合作社法》正式实施，以此为契机，以非集体所有资源与资产为依托的农民专业合作社快速发展。2012年底，我国农民专业合作社仅有68.9万家，而目前，依法登记的农民专业合作社已经达到220多万家。这一数字覆盖了全国近一半的农户，小农户与现代农业发展有机衔接的政策体系初步建立，有效推动了我国新型农村集体经济模式的辐射与发展。

除了在依托资源与资产上的模式创新，在组织形式、牵头形式上特色明显的社区性与综合性突出的生产供销信用"三位一体"合作社、土地股份合作社、党支部领办合作社等也是我国新型农村集体经济模式的重要补充，近年来同样取得了喜人成绩。可以说，各类合作经济模式的不断涌现与发扬光大，助推我国农村地区脱离传统农村集体经济模式的制约，更加有效地开发利用了农村资源与资产，不仅让新型农村集体经济做好了一家一户做不了与做不好的事情，更进一步挖掘了新型农村集体经济的发展潜力与发展内涵，为我国打赢脱贫攻坚战与实施乡村振兴战略奠定了基础。

因此，一方面，突破土地类型限制，盘活闲置土地资源，推动集体土地经营性资产化，平定县有待在农村土地管理上进一步创新，包括提速农村土地确权登记，鼓励农村村民在本集体经济组织内部依法依规转让宅基地，鼓励进城落户的农村村民自愿有偿退出宅基地，鼓励乡村重点产业和项目使用集体经营性建设用地，探索灵活多样的用地方式；另一方面，在用地指标受限的情况下，平定县也应当从理论结合实际出发，重视基于合作经济的集体经济模式创新。

第二节　平定县对组织建设农村集体经济治理的影响路径和作用机制

党的十八大以来，在坚持重要性、决定性地位的同时，党组织建设有了更加丰富的政治内涵和更加明确的提升路径,新的时代要求各级党组织有新的使命、新的作为。更加统一、更加团结、更加一致是党组织建设在思想上、政治上、行动上的突出表现。党的十九大报告中指出,党的十八大以来的五年间,全面从严治党成效卓著,党的领导和党的建设得到了显著加强,管党治党的政治责任得到了层层落实。同样,在发展壮大新型农村集体经济的过程中,党的领导作用也是毋庸置疑的,各级党组织和政府必须始终坚持和贯彻党对经济工作的路线设计和方向把握。党的十九大报告提出了基层组织的总体规划和建设路径。基层党组织是宣传党的主张、贯彻党的意志的重要堡垒,基层党组织与群众的紧密相连是落实和保障在全国各项发展中执行党的路线的先天优势。党的十九大报告中指出,一些基层党组织存在弱化、虚化、边缘化的问题,针对这些问题,党中央提出的现实解决路径包括在青年农民、产业工人等群体中培养和选拔党员发展对象,通过扩大党员群体的方式加强党的领导力量。此外,还应畅通基层党组织对上级党组织的意见反馈渠道,通过"三会一课"制度,推动基层组织活动创新化、多元化发展。同时,要加强对党组织"带头人""领头雁"的培养工作,引导广大党员发挥先锋模范作用。2022年,党的二十大强调,"坚持大抓基层的鲜明导向,抓党建促乡村振兴"[①],为新时代新征程全面推进乡村振兴指明了前进方向和实践路径。党的二十大报告精神对于平定县加强基层党组织建设具有至关重要的指引作用。

一 平定县农村基层党组织建设实践

在平定县的新型集体经济发展过程中,县委和基层党组织

[①] 习近平:《高举中国特色社会主义伟大旗帜 为全面建设社会主义现代化国家而团结奋斗——在中国共产党第二十次全国代表大会上的报告》,人民出版社2022年版,第67页。

发挥了重要的作用。2017年6月，平定县成立了扶持集体经济发展领导组。2018年1月，平定县有关部门联合印发了《平定县扶持村集体经济发展试点实施方案》（以下简称《实施方案》），在这份文件中，基本原则及试点目标特别强调了要坚持组织引领，把发展壮大村级集体经济作为基层党组织的重大政治任务。《实施方案》指明，通过培训教育加强和选好选对村党组织书记建设集体经济发展壮大的坚实堡垒，充分发挥村"两委"班子的主导作用，培养村级班子管理村级事务，推动村集体合力发展集体经济实现共同富裕。2019年，根据阳泉市财政局《关于对2017、2018年度开展扶持村集体经济发展试点工作进行绩效评价的通知》，平定县财政局对2018年度相关工作进行了绩效自评。通过绩效自评可以看出，自2018年经过竞争立项程序成为省级扶持村集体经济发展试点县以来，平定县高度重视，多措并举，通过全方位、多渠道有效增加了村级集体经济收入。2021年底，平定县有关部门联合印发了《平定县发展壮大新型农村集体经济三年行动计划》（以下简称《三年行动计划》），在该文件中，平定县明确划分了2021—2023年各年的发展任务和总体规划路径。《三年行动计划》是党组织领导各级政府和广大人民群众发展壮大新型农村集体经济的具体表现形式。在《三年行动计划》中，党组织要依托平定县得天独厚的丰富的红色资源，围绕红色旅游进行产业开发，这是党组织赋予平定县的宝贵资源。在《三年行动计划》中指出，下一步工作重心是突出党建引领，对于基层党支部的建设要更加关注，常态化开展整顿软弱涣散基层党组织，广泛选拔党员带头人进行培训，着力发挥"领头雁"作用。

2022年，平定县委多次开展各类组织建设活动，包括动员会、培训会议等多种活动形式。在3月24日的抓党建促基层治理能力提升动员暨培训会议上，阳泉市委常委、平定县委书记李明发表了重要讲话，强调指出抓党建促基层治理能力提升专项行动是习近平总书记在考察山西省实际情况时做出的重要指示，这一重大举措是山西省基层党建的重要任务。在具体改革措施方面，李明书记总结出关键几点，首先是要在思想意识上激发干事创业"源动力"，全县各级基层党组织书记处在工作的最前沿，要鼓足干劲、迎难而上，坚定完成最密集、最繁重、最艰巨的任务的决心。其次是要在集中整治的同时加大监督检查力度，要保证风清气正的农村政治生态，通过细化完善各项制度和实施细则，把抓党建促基层治理能力提升工作与本部门的具体实际工作进行有机结合。最后是要在宣传工作方面着力推进相关内容，使用多种宣传手段开展多项宣传活动，通过典型事迹、典型人物的宣传营造见贤思齐、比学赶超的浓厚氛围。4月17日的抓党建促基层治理能力提升工作推进会提出，平定县各级党组织要站在捍卫"两个确立"、做到"两个维护"的政治高度，通过抓党建落实工作促进基层治理能力提升，要正确认识和将思想行动统一到省委决策部署和市委工作要求上。在目标制定上，会议要求要制定可以量化考核的具体指标，坚持项目化推进的工作思路，通过细化责任清单明确任务分工。强调要突出问题导向，积极向先进地区学习，补齐短板，攻坚破题。特别强调了要集中力量推进实施"村级集体经济壮大提质行动"，稳步开展农村集体资产"清化收"工作，通过产业主体、项目清单的梳理整合找到适合的集体经济发展模式，在发展中突出亮点、找准定位，对考核结果的运用要更加明确和细化，在集体经济发展壮大过程中要抓住机会开展多种形式的创新培训活动，提升培训实效。

上述的这些会议和文件，既是县委、县政府对发展壮大集体经济工作的具体安排，也是平定县切实落实党中央和省委、市委会议精神的具体部署。对于这些会议的梳理，有利于对党的十八大以来新时代平定县的基层党建工作进行梳理，这种总结奠定了对当下形势的研判。

习近平总书记关于县域治理的丰富内涵和发展路径发表过多次重要讲话，他的讲话体现了县域治理的发展研究既有理论意义，同时包括丰富的现实内涵。掌握了解和正确认识县域特征是县域治理的基石，乡村振兴、人民生活改善是县域治理的现实主题，从全局出发和从个案提升经验事实是县域治理发展的必要逻辑，任命好县委书记及县委书记领导的基层干部是县域治理的成功关键。在县域治理的过程中，农村基层党组织正在逐步发挥越来越重要的现实影响。党的十九大以来，加强基层组织建设在新的时代背景下具有了新的历史意义，基层组织建设成为党提高组织治理能力和国家执政水平的重要路径。农村基层党组织治理在新时代下应发展为农村基层党组织的整合治理，由原来的分散性、低效性演变为有机性、高效性。党组织建设是保障党在基层执政地位和政治威望的重要路径。党在乡村振兴的过程中要着力推进集体经济发展，通过集体经济壮大实现共同富裕。这既是普通百姓的殷切希望，也是中国共产党的立党根基和执政信念。

二 对平定农村集体经济发展的影响路径和作用机制

显然，农村基层党组织建设尤其是村级党组织建设对于大多数农村集体经济组织的发展起到了重要推动作用。因此，不断加强党的农村基层组织建设，加强党对农村工作的领导，已经成为发展壮大农村集体经济的迫切要求和基本共识。但是必须引起重视的是，当前，在集体经济实力弱的农村，普遍存在着党员年龄偏高、文化水平较低，党员干部队伍不稳定，党组织凝聚力、号召力、战斗力不强等问题。在缺乏强有力的领导者、组织者与先锋者的情况下，新集体经济模式的建立与发展会困难重重，一方面是难以找到合适的建设项目与方向，另一方面，即使选定了合适的项目，集体经济重在"集体"，缺乏强号召力的领导组织者引领群众集体积极参与合作，新农村集体经济模式建设极易半途夭折。平定县十分重视农村基层党组织建设，在总结问题的基础上，提出三方面的党组织建设愿景：一是统一思想，以党支部为中心，实现党员群众思想达成共识，凝聚意志，汇聚力量，形成做大做强集体经济的思想统一战线；二是党组织牵头组织联合建设，有效整合产业资源，构建产业链，提升产业竞争力；三是通过业务培训等方式培养党员骨干力量，发挥"领头雁"作用，积极引导党员同志回乡发展，通过先进个人的致富经验带动村民投入集体经济建设，逐步实现共同富裕。

从第一方面来看，统一思想是首要前提，党支部在统一思想的过程中可以发挥核心作用，通过多种形式的宣传工作，紧密联系基层群众，提高对集体经济发展的认识水平，使党员干部与人民群众形成有力统一战线，心往一处想，劲往一处使，共同推动集体经济做大做强。以平定县张庄镇为例，自抓党建促基层治理能力提升专项行动开展以来，张庄镇通过流程规范化、绩效积分化、内审常态化这"三化强治理"有力推动了基层治理制度完善和基础工作落实，为壮大集体经济推动高质量发展提供了有力支撑。党组织既要成为党的主张的坚定宣传者，更要成为党的政策的有力贯彻者。基层党组织建设的重心要在于使党员同志坚定自身信念，通过思想引领工作带动普通群众紧跟共产党，积极按照党的政策方向开展生产活动。

从第二个方面来看，党组织建设能充分发挥协调沟通作用，通过不同单位的党组织之间的紧密联系沟通联合，通过党建引领促进不同产业之间的合并整合，合理规划产业资源，通过更长的产业链提升市场竞争力。以甘泉井村为例，通过村党委的组织联络，周边8个村形成了甘泉井联村党委，通过抱团发展实现共同富裕。村集体先后成立了多家集体企业，包括裕盛养殖有限公司、兴盛蔬菜种植专业合作社等。通过联村党委的广泛联络，在几个村的人民群众不懈努力下，甘泉井村联村已经取得较为丰硕的集体经济产业成果。目前已经建起的经济项目包括核桃基地、蔬菜大棚基地、樱桃采摘园、西红柿精加工厂，兴建了番茄汁生产线、蔬菜冷藏库、蛋鸡养殖基地等，年集体经济收入已经超过4000万元。下一步，甘泉井计划建设鱼菜共生系统，通过更多高质量经济项目不断壮大集体经济发展。抱团发展模式在平定县的村级集体经济发展中具有尤为重要的作用，平定县坚持"以强带弱、以大带小、优势互补"的发展模式，通过村村联建、村企联建、区域联建等方式，已经组建联合党组织31个。以半沟村为例，半沟村联合周边6个村庄组建了半沟联村党委，采用"合作社+集体+农户+互联网"模式，规模发展红薯产业。再如，以娘子关村为代表的文旅驱动模式、以半沟村为代表的校地合作模式以及以鹊山村为代表的物业经营模式正在不断兴起，极大促进了集体经济的发展壮大。再如平定县巨城镇，以镇党委为首要力量，依托得天独厚的自然条件，结合各村的种植历史，大力发展集体经济，走特色产业之路，不断提升农村集体经济的特色底蕴。

从第三方面来看，党员骨干力量能有力带领群众，通过其个人奋斗历程直接影响同村村民的思想认知和思维方式，这种改变具有重要的政治和社会意义。归巢反哺在平定县具有重要的带动作用，近年来，平定县吸引了50余名外出务工能人回村任职，充分发挥其阅历和信息优势，带领村民抓住各项经济发展的好机遇、好政策，敢闯敢干走出一条发展新路。办好农村的事情需要有基层党组织和带头人，通过基层党组织对党的主张的宣传和执行健全乡村组织体系，以此团结动员群众推动改革发展。在平定县集体经济发展的过程中，平定县坚持"支部领办、党员创办、人才协办、村企联办"的理念，着力推进制度改革筑实筑牢致富堡垒。通过头雁选育，平定县作为换届试点县率先完成村"两委"换届，除下派干部以外，各村全面实现村"两委"一肩挑。县委、县政府组织选派了40余名机关事业单位干部到村任书记，招聘50余名大学毕业生到村入职，进一步推进一村一名大学生的覆盖工作。

第三节　平定县以党建促集体经济发展的政策建议

本书的前述章节，从纵向和横向的多元维度回顾了平定县集体经济发展的具体情况，总结了平定县村集体经济发展的模式和历程。下面，我们为新时代平定县进一步壮大农村集体经济发展提出如下六点政策建议。

一是要正确认识集体经济发展的重要性，发扬好艰苦创业的精神。目前确实存在一些干部，以资金、资源匮乏为由，对集体经济发展不作为。还有一些干部由于各种原因，只关注眼前的自己任期的工作业绩，对于长远的工作规划缺乏必要的重视，甚至存在部分村干部在上任之初就变卖集体资产，只满足本届工作的资金需求，将出售资产所获得的资金在任期内花完等不良行为。通过制定村级集体经济发展五年规划，打造多元驱动富村引擎。县委、县政府把发展壮大村级集体经济放在重中之重的关键位置，坚持党委书记总负责，真正落实县、乡、村三级"一把手"责任。要真正认识到发展农村集体经济绝不仅仅是促进农村经济顺利发展的经济手段，更是改善和保障党在广大农村治理的重要政治任务，对于贯彻党的路线、方针、政策具有重要的政治意义。发展壮大村级集体经济是乡村振兴的重要手段和必经之路，针对目前村级集体经济发展的现状，我们认为应切实落实好宣传工作，县委、县政府在充分提高认识的基础上，要充分运用多种手段向乡级、村级等单位贯彻落实有关精神，通过多种激励问责手段提高基层干部对发展集体经济重要性的认识。同时，要进行形式多样的宣传活动，包括到户宣讲，粉刷墙壁制作宣传画等，充分调动农民群众参与集体经济建设的积极性。

二是要通过党建工作的推动强化党员和农民群众的联系。通过党组织建设有力联系人民群众，形成"党员—群众"联合体，努力实现共同富裕。有一句话用在这里尤为形象，"村落富不富，关键在支部"，党支部不仅应是党的基层组织，更应该成为村民群众拥护的先进集体。基层党组织要真正站在人民群众的立场上思考问题、解决问题。在壮大农村集体经济的同时要不断加强组织领导，当前，平定县已经成立扶持村集体经济发展领导组，这一举措具有重要意义。村集体经济发展领导组应成为组织协调并指导整合全县村级集体经济资源的核心枢纽，通过顶层设计和总体规划组织指导试点村做好各项工作，形成党政主要负责同志亲自抓、分管负责同志具体抓的良好局面。

三是要加强不同村庄之间的联动联合，通过党组织充分发挥沟通协调作用，促联合促抱团。推动不同形式的村联合体发展，实现产业资源的有效整合，通过延长产业链做大做强集体经济。在促进村级联合体的构建过程中，既要发挥行政手段力量，更要激发各村参与联合体的内源驱动能力。由于各种历史原因，各村在资源禀赋、资金储量、人员素质等方面不同，因此可以有效实现整合，村级联合体不仅仅是简单的资源加总，更是不同资源共生共聚下的有机效能提升。在形成村级联合体的过程中，既应该通过乡镇党委的指导从顶层设计层面自上而下地实现有机整合，也应该依靠某一村委会从基层角度自下而上地自发组织领导。村之间建立联合体的作用既在于壮大党组织力量，具有重要的政治意义，又在于通过村党组织的联系促成产业联盟，有效延长了产业链。通过对公共事务的集成治理实现党组织横向有机联动，通过党组织的协同联建实现治理空间重塑。

四是要充分发挥"领头雁"作用，积极吸引能人巧匠加入基层党组织建设。对技术能人开展培训，树立典型，通过党员主动传帮带实现普通群众紧跟"领头雁"开展经营活动，以此带动集体经济发展。"头雁"选育是重中之重，头雁既可以是外出务工有一定积蓄后的青壮年劳动力，对他们，可以通过组织谈话等方式吸引他们积极回乡创业，并吸引他们向党组织靠拢，在党组织的培养中提高政治觉悟和自身业务能力，也可以是党员干部中的主要带头人，党员要敢为人先、敢于作为、敢于做第一个吃螃蟹的人，主动挑起共同富裕的工作担子，选择合适的产业作为集体经济发展的突破口。在"领头雁"选育的过程中，选人育人具有重要意义，不可或缺。平定县应定期组织党员素质培训和专业业务培训，帮助"领头雁"学习更多产业相关知识，对于"领头雁"应适当予以补助，增强"领头雁"的信心。另外在选择过程中，也应注意尽可能选择在村民中具有威望的人选。

五是要坚持用好政策，通过好的政策为集体经济发展铺路，坚持资金引导和奖惩挂钩。在资金引导方面，主要通过三大维度力争为项目筹措更多资金，第一个维度是争取上级扶持，建议平定县积极参与山西省、阳泉市组织的各类项目申报评选工作，力争成为改革试点，以此获得更多上级扶持。第二个维度是争取专项资金支持，第三个维度是本级财政投入，这两个维度主要是指在财政预算过程中要充分考虑不同村的实际情况，加大投入力度，有针对性地投入可长期发展的、经济效益好的、带动能力强的项目进行资金补贴。县政府在扶持村集体开发的项目上要灵活运用多种形式，既要保证资金充足，避免村集体承担超过自身能力的债务负担，又要在合适情况下联合农商行、城商行等金融机构达成共建协议等，推进整村授信，探索集体资产股份抵押贷款。开展经营平台打造工作，全力推进村级经营平台建设，加强镇、村两级资产管理、资本运作、投资管理能力，提高政府和市场对接的效率效果。在奖惩挂钩方面，对于村干部的薪酬管理，要逐步由资金激励代替财政补贴，根据不同村发展集体经济的实际成效制订评判标准，并制订有计划的、可量化的评审指标体系。同时引导集体经济组织将部分利润分配给贡献多、出力多的集体成员，以此激励大家多投入、多吃苦、多干事。此外，县级政府要从人事干部方面提供更多支持，对于表现优秀的集体和个人予以表彰，特别是对村干部要建立灵活的升迁制度，对于好的村支部书记、村支部委员，应考虑选任提拔为乡镇干部，也要适时探索给予优秀人才事业编制等待遇。

六是要盘活集体资产，整合各类发展要素。统筹全县产业布局，坚持不同村有不同项目、不同村有不同特点的发展规划，避免不同村之间项目的过度同质性。对于村级集体经济项目的发展，要通过多种手段、方式使其形成长效机制。县级政府应组织建立报告制度，定期开展试点项目总结，对相应扶持资金进行项目管理，做到资金到项目、管理到项目、核算到项目。县政府应要求各乡镇定期汇报集体经济项目发展情况，要自行总结项目的成功之处和不足之处，通过自身评价、上级考核等自下而上的方式形成对项目的总结反思，也要对不同村集体的项目进行综合比较，不断择优扶优。

第七章　平定县农村集体经济治理的理论意义与实践意义

第一节　平定县农村集体经济治理的理论意义

一　平定县农村集体经济模式是一种对农村集体经济制度的创新

社会主义公有制是中国特色社会主义基本经济制度的基础，在实现共同富裕方面发挥着不可替代的作用。农村集体经济作为公有制经济的重要组成部分，在其中占据着十分重要的地位。对于集体经济治理方面的改革创新，即对公有制本土化、特色化的探索。[1]

在集体经济治理方面，平定县自始至终坚持把集体经济作为"一号工程"的原则不动摇，坚持把发展壮大新型农村集体经济作为推动乡村振兴的重要支点。按照全方位推进高质量发展要求，以提升新型农村集体经济实力、实现农民共同富裕为基本目标，以农村集体资产、资源、资金等生产要素有效利用为手段，以增强新型农村集体经济造血功能为主攻方向，通过农村党建推动、特色产业拉动、抱团发展联动、"三资"经营促动、多元政策驱动促进平定县农村集体经济发展。此外，平定县政府力争提

---

[1] 邹升平：《新发展阶段社会主义公有制促进共同富裕面临的挑战与实践路径》，《广西社会科学》2022年第1期。

升集体经济收入，培育集体经济示范村，实现全县新型农村集体经济实力不断壮大，提升发展水平，规范管理体制，基本形成农民、农村共同富裕的长效机制。在此基础上，平定县通过资源要素配置，利用地理优势，整合耕地资源，盘活商业资源，全面提升农村产权收益，实现社员对集体资产的产权长久化、定量化。这也是平定县集体经济模式最为重要的理论贡献，为坚持和发展中国特色公有制经济提供了新思想，注入了新活力。

二 平定县集体经济模式有利于促进共同富裕

习近平总书记强调，"实现共同富裕不仅是经济问题，而且是关系党的执政基础的重大政治问题"①。习近平总书记的这一重要论述，深刻阐明了实现共同富裕的极端重要性。习近平总书记指出，"党的十八大以来，我们把脱贫攻坚作为重中之重，使现行标准下农村贫困人口全部脱贫，就是促进全体人民共同富裕的一项重大举措。当前，我国发展不平衡不充分问题仍然突出，城乡区域发展和收入分配差距较大，促进全体人民共同富裕是一项长期任务，但随着我国全面建成小康社会、开启全面建设社会主义现代化国家新征程，我们必须把促进全体人民共同富裕摆在更加重要的位置，脚踏实地，久久为功，向着这个目标更加积极有为地进行努力"②。在全面建成小康社会的基础上，必须加大力度推进实现共同富裕的步伐。在进一步调整国民收入分配结构、优化收入分配政策的同时，必须大力发挥公有制经济在促进共同富裕中的重要作用。

平定县集体经济治理正是本着"强带弱，大带小"的发展战略，在基本报酬、绩效报酬的基础上，对经营性收入增速快

---

① 《习近平谈治国理政》（第四卷），外文出版社2022年版，第171页。

② 《十九大以来重要文献选编（中）》，中央文献出版社2021年版，第784页。

的项目和成员给予创收奖励，宣传树立"干得多挣得多，干得少挣得少"的鲜明导向，有效地减少了"搭便车"行为。除此之外，村集体坚持实行的精准帮扶政策，更是能够直观明显地关注到贫困村民的实际情况，通过分析其真实现状，调动可利用的资源加上集体的扶持，指导并辅助其培育各种稳定可靠的创收项目，鼓舞贫困村民的自强、自立、自救、自我解放的意识，摒弃"等、靠、要"的落后思想。增强贫困村民的责任感，激发其紧迫感，使村民能够自发地参与集体经济的发展过程，靠自己的双手摆脱贫困，增进其成就感，强化其认同感。

平定县在集体经济治理的过程中，在原有的集体经济体制上引入了股权的概念，与县农行签订共建协议，推进整村授信，探索集体资产股份抵押贷款的新模式。这一探索的落实，使得集体利益与个人利益直接挂钩，凝聚共识，同心并力。除此之外，在农产品产出方面更是坚持"统一收获，统一耕种、统一销售"。专业的理论与实践指导以及稳定可靠的销售渠道，排解了农户的心头难。此外，集体统一收获、统一耕种的模式，也为机械化作业的推行提供了充分条件，有效地节省了民力、物力，从而可以更多投入高产出的工作。以往村民担忧的"适不适合种？怎么种？种完之后如何卖？如何定价？"这一系列的问题都有了切实的解决方案。因此，平定县集体经济治理是推进社会公平的一次大胆的尝试，为共同富裕的实现提供了新思路、新对策。

三　平定县集体经济治理为基层治理提供新动能

（一）基层治理以经济为基础，经济治理是完善基层治理的重要手段

改革开放以来，党和国家对"三农"问题一直很重视，在农村农业改革中逐步调整城乡关系。特别是在取消农业税后，不断增加对农业农村的经济投入，有力地改善了城乡关系，使

第七章 平定县农村集体经济治理的理论意义与实践意义

农民的收入水平和生活水平随着整个国民经济的高速增长而相应提高。然而，这样巨量的资源下乡，导致国家规范和权力随着资源一同下乡，农村的基层治理重心也不得不趋于回应上级需求，完成上级任务，而对于真正需要关注的内部组织的动员和回应农民的真实需求则疏于关照，最终可能会出现这样一种负面循环：向农村倾斜的资源越多，基层治理越是复杂，基层组织更加难以科学合理地分配大量的资源，资源的不合理分配导致贫富差距加大，国家为了减少差距再投入更多资源。这种资源导向的基层治理模式，部分忽略了农民的真正所求所想，模糊了农民所面临的真实困境，很难激起农民的积极性和认同感，最终呈现的结果就是基层治理的悬浮和资源的浪费。①

平定县强健基层组织、强化政策保障、创新发展模式，坚持抓政策定方向，持续鼓励集体经济发展。在集体经济治理方面，制订了各项举措，出台了各种计划，倾听农民所思所想，分析不同村的实际情况，明确在盘活资源资产的基础上积极探索绿色生态、物业管理、服务创收等集体经济新模式。在健全政策、土地、金融、人才保障方面做出了很多努力。不仅如此，平定县还通过抱团发展，提升发展合力，采取建立联村党委的方式，统一规划村级集体经济发展。这一做法省去了很多跨村沟通的冗杂手续，解决了因各村制度规则不统一而产生的矛盾，整顿了涣散的基层党组织。正是这样，有了明确的政策和发展方向，再加以资源的配合，不但增强了村民对于村集体发展的认同，还动员农民成了致富主体，使村民紧紧团结在村党委周围，一起迈向共同富裕的征程。由此可见，平定县农村集体经济治理模式，是为基层治理注入了新鲜血液，在解决基层治理悬浮的问题上做出了贡献。

---

① 贺雪峰：《资源下乡与基层治理悬浮》，《中南民族大学学报》（人文社会科学版）2022年第7期。

(二) 平定县集体经济治理是建设服务型政府的表现

平定县在集体经济治理的过程中，很好地践行了这种以人为本、与人民结合的思想。平定县委、县政府始终坚持把发展、壮大村级集体经济作为基层党组织的一项重大政治任务。在村党组织书记等领头人的选拔上全面考核，充分听取民意。此外，平定县政府还重视对于基层干部的培训教育，真正把基层党组织建设成发展壮大集体经济、推动乡村振兴的战斗堡垒。在项目的实施中，平定县委、县政府做到了党委、政府只指导不包办，将主动性让之于民，重视发挥村民的主体作用。充分运用民主决策、民主管理和民主监督机制，不断挖掘农民的智慧，培养村级班子和调动广大村民积极发展集体经济。

平定县在集体经济治理上，不多管，不乱管，将农民视为经济发展的主要角色，重视农民的意志。在工作重心方面，将重心由完成上级考核转向厘清农民真实困境与需求之间的矛盾，动员、组织并引领农民成为经济发展的主体，激发其自我解放、自我脱困的热情和信心。

第二节 平定县农村集体经济治理的实践意义

一 重视突出优势特色，培养集群化优势竞争力

从以往的农村个体经营的模式上来看，虽然其有着经营灵活等优势，但这也势必导致其缺乏市场竞争力。通过集体经济治理提高土地经营规模和农民的市场话语权，促进产业发展，是农村集体经济治理最重要也是最突出的特点，即实现农村经济的规模化。[1] 生产形成了一定的规模之后，产业特色和优势也会更加明确。

---

[1] 董正华：《中外农业生产中的家庭经营与小农传统——农业资本主义，还是"农民的生产方式"》，《人民论坛·学术前沿》2014年第2期。

平定县在集体经济治理的过程中，自始至终坚持从项目基础、区位特点、资源禀赋等实际情况出发，以市场为导向，积极培育农村新型农业经营主体。实地考察、了解各村的客观情况和资源水平，制定一村一策，培育一村一业，打造一村一品，形成宜农则农、宜牧则牧、宜林则林、宜工则工、宜商则商、宜旅则旅的村级集体经济发展模式，走多元化发展道路。以农产品生产为例，之前的个体经营模式下，难以形成特色、主打产品和稳定的市场。平定县在进行集体经济治理时，不仅有专家根据各村实际情况提出合适的农产品种植建议，还采用协作模式进行生产，大规模的协作化生产显著提高了资源利用率，降低了生产成本。在销售渠道上，由村集体出面搭建产销对接支撑平台，在收购价格上也更加合理。这种统一耕种、统一收获、统一售卖的模式，使得各村有各自的主打特色产品，提升了市场竞争力，在农产品收益方面也有了大幅度提升。因此，平定农村的集体经济治理模式在解决传统农村经济规模小、无特色、市场竞争力低等实际方面，有着十分重要的参考意义和借鉴价值。

二 充分利用多方帮扶，借力发展

农村经济的发展，源头在于农民，但是政策、技术、资金上的扶持也必不可少。但如前文所述，以往的个体经营模式规模较小，缺乏特色，不仅如此，"酒香也怕巷子深"，即便是有了优势项目，没有有力的宣传也是无用。但因规模限制，项目杂多，人力有限，政府即使有心扶持也难以针对每一户的情况对症下药。

为了有效解决这一问题，平定县在集体经济治理的过程中，特别强调以村集体为单位，打造一村一个优势发展模式。充分地发挥县直涉农单位、下乡驻村工作队、农村第一书记的帮扶作用。在惠农政策、项目建设、人才培育、技术支持、教育培训、金融服务、市场营销方面提供了帮扶支持和服务保障。以冶西镇种植业和夏庄村采摘园项目为例，在项目建设过程中，由村集体出面与多家助农企业洽谈，由公司出资，在生产方面提供技术和设备上的支持；依托村人力、物力和土地资源，最终形成种植、生产、加工、经营为一体的产业链。平定县的集体经济治理，正是以各乡村的优势项目为发展根基，多方寻引助农单位和机构，为项目发展找到了可靠的助力和支点。

三 促进风险防控和农村信用体系建设

农业生产以农作物生产为基础，农业生产与气候变化息息相关，这种"靠天吃饭"的生产模式伴随着一定的风险和不确定性。以往的个体经济模式下，这种风险和盈亏都由个人承担。在这种对风险控制的需求下，农业保险和农业信贷也应运而生。但是针对个体样本信用评级来说，影响因素众多，波动性大，保险机构和金融组织也不倾向于向个体经营的农户提供大额的保险和单独的优惠政策。

为了解决这一问题，平定县在发展集体经济的过程中，重视村级信用体系的建设，以村集体为单位，建设村级授信。在信用风险方面，平定县政府坚持创新金融服务，创优金融环境，推进村信用体系的建设。鼓励金融机构将农村集体经济组织纳入评级授信范围、纳入农业信贷担保范围，推动涉农贷款纳入财政贴息支持对象和范围。鼓励金融机构加大对村集体经营性项目的信贷投入。不仅如此，平定县政府更加重视资金管理和风险防控。坚持县财政要把支持发展集体经济作为乡村振兴工作的重要环节，作为培植财源、增强村级集体经济造血功能的重要举措不动摇，设立扶持村级集体经济专项资金。规定专项资金主要扶持符合条件的村级集体经济组织，用于零散土地整理、为农服务、物业经营等，不得用于项目配套、偿还乡村债务、建设楼堂馆所、购置交通通信工具和发放个人补贴等，严禁挤占挪用。

在融资方面，积极探索建立多元化投融资机制，鼓励各类资本共同参与村级集体经济发展。加强投资风险防控管理，建立投资经营风险分析评价机制，及时对经营内容、经营模式、发展预期目标及经营状况等进行分析评价，设置风险红线和退出机制，防范经营风险，保障村级集体及农民群众利益。在资金管理方面，坚定落实村级集体财务收支"两条线"管理，各项收入必须全额入库，严禁"坐收坐支"，逃避监管。严格执行村级财务相关管理制度，突出抓好村办实体财务管理和生产经营管理，确保村办实体账目清晰，并健全村级资产保值增值机制。在发展集体经济过程中，坚守不改变村集体产权性质、不损害村集体利益、不损害农民利益三条底线。

四 构建农村集体经济高质量发展长效机制

人才是实现中华民族伟大复兴中国梦的关键，人才是衡量一个国家综合国力的重要指标。没有一支宏大的高素质人才队伍，全面建成小康社会的奋斗目标和中华民族伟大复兴的中国梦就难以顺利实现。[1]

平定县在发展集体经济的过程中，不仅仅关注各乡镇特色项目本身，更关注在项目中起到重要支持作用的各领域人才。为了更好地为人才提供各方面的支持，解决人才"不想留，不能留，留不住"的问题，平定县大力打通人才流动渠道，强化人才支撑作用。在实践中，平定县注重推进村党组织书记通过法定程序担任村集体经济组织负责人，实施集体经济组织负责人、乡村企业家素质提升工程，不断提升农村集体经济组织负

---

[1] 习近平：《在欧美同学会成立100周年庆祝大会上的讲话》，《人民日报》2013年10月22日第1版。

责人管理集体资产、对外合作经营等能力。除此之外，平定县还注重加强县乡村农经队伍建设，畅通职务职级晋升、职称评定、人才流动通道。实施"能人回归"工程，深化"省校合作进农村"活动，推动人才、科技、项目与乡村优势资源有效衔接，这些举措为人才提供了可以大展身手的舞台。不仅如此，在平定县各村集体经济治理中，政府鼓励有条件的村集体经济组织聘请职业经理人，引进有实力、懂农村、善经营的团队，真正做到专业的人做专业的事，达到事事有法可依、科学发展的效果，为农村集体经济发展提供新动能。

五　促进资源保护和生态保护的可持续发展

乡村振兴是从城乡协同发展、保护改善生态环境、提高乡村治理能力等多个维度出发，对农村生产、生活、生态、文化等方面的全面升级。推动乡村振兴，产业振兴是关键。产业兴旺是解决农村一切问题的前提。因此，要实现农村产业兴旺，就要以资源为依托，因地制宜、树立特色。[1]

平定县在集体经济治理的过程中，坚持盘活集体资源，做大文旅企业，发展特色农业，真正做到依托现有资源，因地制宜，打造特色品牌。从娘子关景区的文旅驱动模式，到半沟村的校地合作模式，再到鹊山村的物业经营模式，平定县的几大重点项目，无一不是分析现有资源情况，挖掘其附加值。在发展绿色集体经济方面，平定县制定了村级集体经济发展规划和目标，坚持开发与保护相结合，坚持既要充分利用当地资源优势，又要坚守生态环保底线，避免资源过度开发和环境污染，实现可持续发展，变绿水青山为金山银山。在改善生活环境方面，平定县政府大力推进污水管网改造工程；取缔垃圾废品回

---

[1] 王莹莹：《县域农村资源利用与乡村振兴路径研究——以洛阳偃师为例》，《洛阳师范学院学报》2022年第4期。

收站，统一建设废品回收中心；对老旧房屋进行改造、修复；与助农企业合作完善基础设施建设。不仅如此，平定县还通过改造采煤沉陷区、建设生态农业园等方式，修复受损的自然环境。这些做法使得平定县居民的生产、生活环境有了大幅度的改善，农民的幸福感也有了保障。平定县在集体经济治理的过程中对于乡村振兴中面临的资源和环境问题密切关注，坚持科学发展、绿色可持续发展，为农村集体经济发展提供源源不断的动力。

附　　录

一　平定县党建引领农村集体经济发展的现状调查（供干部填写）

尊敬的被访者：

您好，感谢您参与我们的调查！本次调查将就平定县农村集体经济发展的一些问题向您请教，预计填写时间为3—5分钟。我们将对您的信息进行严格保密，信息仅用于课题研究参考，请放心填写。

1. 您的年龄：_____
A. 25岁以下
B. 26—35岁
C. 36—45岁
D. 46—55岁
E. 55岁以上
2. 您的性别：_____
A. 男
B. 女
3. 您的文化程度：_____
A. 小学及以下

B. 初中

C. 高中（职高、高技）

D. 中专

E. 大专（高职）

F. 本科

G. 硕士研究生

H. 博士研究生

4. 您所在乡镇：_____

A. 冠山镇

B. 冶西镇

C. 张庄镇

D. 锁簧镇

E. 巨城镇

F. 柏井镇

G. 石门口乡

H. 东回镇

I. 娘子关镇

J. 岔口乡

5. 您所在村党建活动的形式包括：_____（多选）

A. 政治理论学习

B. 召开党建会议

C. 志愿服务活动

D. 民主生活会

E. 组织集体考察

F. 开展主题党日活动

G. 其他：_____

6. 您所在村党建活动的频率：_____

A. 每月一次

B. 每季度一次

C. 每半年一次

D. 每年一次或更低

7. 您是否参加过关于"党建引领农村集体经济发展"的相关培训？_____

A. 是

B. 否

C. 不清楚

8. 您认为党建活动对基层治理的贡献程度：_____

A. 非常大（80%以上）

B. 比较大（50%—80%）

C. 一般（30%—50%）

D. 比较小（10%—30%）

E. 非常小（10%以下）

9. 您认为党建活动对集体经济的贡献程度：_____

A. 非常大（80%以上）

B. 比较大（50%—80%）

C. 一般（30%—50%）

D. 比较小（10%—30%）

E. 非常小（10%以下）

10. 您认为党建活动对集体经济的促进表现在：_____（多选）

A. 促进村民对集体经济的认识

B. 提升村民对集体经济的认同度

C. 增强党的领导的公信力

D. 提高了村民参与集体经济的积极性

E. 改善成员工作效率，助推集体经济效益增长

F. 拉升村民就业率，助民创收

G. 缓释村集体内部贫富差距

H. 其他：_____

11. 您认为本村党组织领导发展集体经济的最大特色与优势在于：_____

   A. 具备良好的先天环境（耕地资源、养殖资源、旅游资源等）

   B. 具备完善的后天建设（党员管理制度、党务办公场所、党政宣传设备等）

   C. 出色的党组织领导班子

   D. 广泛的民众基础和较强的村民参与意识

   E. 县政府、镇政府的引导带动

   F. 其他：_____

12. 本村党组织建设的问题与不足：_____（多选）

   A. 经济基础条件差，党建活动受制

   B. 党员管理制度基础薄弱

   C. 开展党务活动硬性设备条件差

   D. 领导班子领导能力不足

   E. 村民配合度低

   F. 缺乏上级政府的政策优惠

   G. 其他：_____

13. 您所在的村集体中开展集体经济的活动包括：_____（多选）

   A. 租赁土地、厂房等租赁活动

   B. 种植、采摘等农业项目

   C. 养殖业等畜牧业项目

   D. 加工等制造业项目

   E. 旅游、民宿等服务业项目

   F. 其他：_____

14. 您所在乡镇的集体经济收入发展主要作用于以下哪几类基础性公共服务？_____（多选）

   A. 基础设施类（村内道路、路灯、排水沟渠等建设与维护等）

   B. 环境卫生类（道路绿化、公园建设与维护等）

C. 文化生活类（文化广场、体育建设器材的建设与维护等）

D. 社区物业管理（社区道路、供水供电、垃圾处理等）

15. 您认为您所在乡镇的集体经济发展对以下哪些基础性公共服务的支撑作用最为显著？_____

A. 村内道路建设，道路硬化

B. 路灯建设与维护

C. 通信网络建设

D. 排水沟渠建设

E. 村级公共房屋的修缮维护

F. 生活用水、用电设施维护

G. 村内环境绿化美化

H. 小型公园的建设与维护

I. 垃圾处理、公厕等环卫设施建设

J. 村内体育健身器材等文化生活设施的建设

K. 养老中心或老年公寓等养老设施建设

L. 图书馆等教育设施建设

16. 您所在乡镇的集体经济收入用于基础性公共服务的比例大致为：_____

A. 0%—10%

B. 10%—20%

C. 20%—30%

D. 30%—50%

E. 50%以上

17. 您认为您所在乡镇的集体经济发展对基础类公共服务改善的贡献程度：_____

A. 非常大（80%以上）

B. 比较大（50%—80%）

C. 一般（30%—50%）

D. 比较小（10%—30%）

E. 非常小（10%以下）

18. 您所在乡镇的集体经济发展主要作用于以下哪几类经济性公共服务？_____（多选）

  A. 与高校建立合作，定期对村民、干部进行技术、技能培训

  B. 农田水利建设

  C. 购置固定资产

  D. 旅游基础设施建设

  E. 集体资产管理费用

  F. 政务服务平台建设与维护

19. 您认为您所在乡镇的集体经济发展对以下哪些经济类公共服务的支撑作用最为显著？：_____

  A. 干部培训、农民培训

  B. 农田水利建设

  C. 旅游基础设施建设

  D. 集体资产管理费用

  E. 政务服务平台建设与维护

20. 您所在乡镇的集体经济收入用于经济性公共服务的比例大致为：_____

  A. 0%—10%

  B. 10%—20%

  C. 20%—30%

  D. 30%—50%

  E. 50%以上

21. 您认为您所在乡镇的集体经济发展对经济类公共服务改善的贡献程度：_____

  A. 非常大（80%以上）

  B. 比较大（50%—80%）

  C. 一般（30%—50%）

D. 比较小（10%—30%）

E. 非常小（10%以下）

22. 您认为在村开展集体经济是否为村民带来了社会性公共服务的收益（包括但不限于提供就业机会、技能培训、社会保险、科普、养老、医疗、环保等方面）？_____

A. 是

B. 否

C. 不清楚

23. 您所在的村集体经济活动是否为村民提供了岗前培训、指导和科普工作？_____

A. 是

B. 否

C. 不清楚

24. 您在组织村集体经济活动时，村集体是否为村民缴纳了足额的社会保险？_____

A. 是

B. 否

C. 不清楚

25. 您的村民是否因为您组织的农村集体经济活动受益，比如享受到了医疗的改善、养老或者儿童托管等方面的福利？_____

A. 是

B. 否

C. 不清楚

26. 贵村开展集体经济活动，对于环境有无影响？_____

A. 没有明显变化

B. 感觉最近环境有所改善

C. 环境有明显恶化

D. 未留意

27. 您认为本村集体经济对于社会活动促进表现在：_____

(多选)

A. 促进村民提高了知识和技能素质

B. 提升村民对集体经济的认同度

C. 增强了基础设施建设

D. 帮助村民解决育儿、养老等后顾之忧

E. 改善村民人居环境

F. 拉升村民就业率，助民创收

G. 缓释村集体内部贫富差距

H. 其他：_____

28. 您所在乡镇的集体经济收入用于社会性公共服务的比例大致为：_____

A. 0%—10%

B. 10%—20%

C. 20%—30%

D. 30%—50%

E. 50%以上

29. 您认为本村发展集体经济的最大特色与优势在于：_____

A. 具备良好的先天环境（耕地资源、养殖资源、旅游资源等）

B. 具备完善的后天建设（党员管理制度、党务办公场所、党政宣传设备等）

C. 出色的党组织领导班子

D. 广泛的民众基础和较强的村民参与意识

E. 县政府、镇政府的引导带动

F. 其他：_____

30. 您认为本村集体经济建设的问题与不足：_____（多选）

A. 经济基础条件差，活动的丰富性受制

B. 没有实质性给村民带来收益，流于形式

C. 村里基础设施和硬性设备条件差

D. 领导班子执政能力不足，管理制度基础薄弱

E. 村民配合度低

F. 缺乏上级政府的政策指导

G. 其他：_____

二　平定县农村集体经济支持农村公共服务事业的现状调查（供村民填写）

尊敬的被访者：

您好，感谢您参与我们的调查！本次调查将就平定县农村集体经济发展的一些问题向您请教，预计填写时间为3—5分钟。我们将对您的信息进行严格保密，信息仅用于课题研究参考，请放心填写。

1. 您的年龄：_____

A. 25岁以下

B. 26—35岁

C. 36—45岁

D. 46—55岁

E. 55岁以上

2. 您的性别：_____

A. 男

B. 女

3. 您的文化程度：_____

A. 小学及以下

B. 初中

C. 高中（职高、高技）

D. 中专

E. 大专（高职）

F. 本科

G. 硕士研究生

H. 博士研究生

4. 您所在乡镇：_____

A. 冠山镇

B. 冶西镇

C. 张庄镇

D. 锁簧镇

E. 巨城镇

F. 柏井镇

G. 石门口乡

H. 东回镇

I. 娘子关镇

J. 岔口乡

5. 您所在乡镇是否有连接其他乡镇的公路？_____

A. 有

B. 无

6. 您认为您所在乡镇交通的便捷程度：_____

A. 不便捷

B. 一般

C. 便捷

D. 非常便捷

7. 您所在乡镇的供水情况：_____

A. 经常停水

B. 偶尔停水

C. 供水正常

8. 您所在乡镇是否有水利设施？_____

A. 有

B. 无

9. 您所在乡镇的供电情况：_____

A. 经常停电

B. 偶尔停电

C. 供电正常

10. 您所在乡镇是否有物流点？_____

A. 有，分布密集

B. 有，但物流点少

C. 无

11. 您的家庭是否有以下通信设施？_____（多选）

A. 有线电视网络

B. 电话

C. 宽带网

D. WiFi

12. 您认为您所在乡镇的集体经济对以下哪项基础设施的贡献程度最高？_____

A. 供水稳定性

B. 供电稳定性

C. 交通道路

D. 通信服务

E. 物流服务

13. 您认为集体经济对基础设施的贡献体现在：_____（多选）

A. 提高交通便捷性（拓宽公路里程，增设公共交通如公交车)

B. 保障了乡镇的供水稳定性

C. 保障了乡镇的供电稳定性

D. 提升了乡镇的物流能力（物流点增加，可选择物流公司增加）

E. 提高了通信网络的覆盖率

14. 您登录您所在乡镇的政务服务网站的频率：_____

A. 从未

B. 每年 1—10 次

C. 每年 10 次以上

15. 您认为您所在乡镇的政务服务网站的服务质量：_____

A. 排版混乱，相关信息、程序没有在首页显示

B. 排版清晰，相关信息、程序可以较快查询

C. 不清楚

16. 您了解您所在乡镇的融资担保、中小企业信贷服务吗？_____

A. 没听过，不了解

B. 听过，但不了解

C. 听过，但不太了解

D. 听过，且了解

17. 您所在乡镇是否组织过以下活动？_____

A. 校地科技合作

B. 种植技术培训

C. 不清楚

18. 您参加校地科技合作、种植技术培训的频率：_____

A. 无

B. 1—5 次

C. 5—10 次

D. 10 次以上

19. 您了解过您所在乡镇的村企合作项目吗？_____

A. 有

B. 无

20. 您使用过您乡镇的中小企业信贷服务吗？_____

A. 有

B. 无

21. 您认为您所在乡镇发展集体经济是否为村民改善经济条件提供了帮助？_____

A. 是

B. 否

C. 不清楚

22. 您所在的村集体中开展集体经济的活动包括：_____（多选）

  A. 租赁土地、厂房等租赁活动

  B. 种植、采摘等农业项目

  C. 养殖业等畜牧业项目

  D. 加工等制造业项目

  E. 旅游、民宿等服务业项目

  F. 其他：_____

23. 您是否参与过所在村的集体经济项目？_____

  A. 是

  B. 否

24. 您具体参与了什么村集体经济项目？_____（多选）

  A. 种植、采摘等农业项目

  B. 养殖业等畜牧业项目

  C. 加工等制造业项目

  D. 旅游、民宿等服务业项目

  E. 其他：_____

25. 您认为您是否在村开展集体经济中是否为您带来了社会性公共服务的收益（包括但不限于提供就业机会、技能培训、社会保险、科普、养老、医疗、环保等方面）？_____

  A. 是

  B. 否

26. 您所在的村集体经济活动是否为您提供了岗前培训、指导和科普工作？_____

  A. 是

  B. 否

27. 您在参与村集体经济活动时，村集体是否为您缴纳了足额的社会保险？_____

　　A. 是

　　B. 否

28. 您的家人是否因为您参与农村集体经济活动受益，比如享受到了医疗的改善、养老或者儿童托管等方面的福利？_____

　　A. 是

　　B. 否

29. 贵村开展集体经济活动，对于环境有无影响？_____

　　A. 没有明显变化

　　B. 感觉最近环境有所改善

　　C. 环境有明显恶化

　　D. 未留意

30. 您认为本村集体经济对于社会活动促进表现在：_____（多选）

　　A. 促进村民提高了知识和技能素质

　　B. 提升村民对集体经济的认同度

　　C. 增强了基础设施建设

　　D. 帮助村民解决育儿、养老等后顾之忧

　　E. 改善村民人居环境

　　F. 拉升村民就业率，助民创收

　　G. 缓释村集体内部贫富差距

　　H. 其他：_____

参考文献

一 著作类

习近平：《论坚持全面深化改革》，中央文献出版社2018年版。

《习近平关于"三农"工作论述摘编》，中央文献出版社2019年版。

二 报刊类

习近平：《在欧美同学会成立100周年庆祝大会上的讲话》，《人民日报》2013年10月22日第1版。

习近平：《把乡村振兴战略作为新时代"三农"工作总抓手　促进农业全面升级农村全面进步农民全面发展》，《人民日报》2018年9月23日第1版。

陈波：《公共文化空间弱化：乡村文化振兴的"软肋"》，《人民论坛》2018年第21期。

丁羽、温松、王云：《双向增能：党建引领易地搬迁社区治理能力提升的路径探析——以Y县H社区为例》，《公共治理研究》2022年第1期。

董正华：《中外农业生产中的家庭经营与小农传统——农业资本主义，还是"农民的生产方式"》，《人民论坛·学术前沿》2014年第2期。

冯梦琪：《做大文旅"蛋糕"　让村民家门口增收——来自平定县娘子关镇娘子关村的蹲点报告》，《阳泉日报》2020年9月

8日第1版。

郭鑫璐、张卓一：《扎根鹊山，守护村民"家门口"的幸福》，《阳泉日报》2021年3月14日第1版。

贺雪峰：《积极应对农村老龄化的村社养老》，《社会科学研究》2022年第4期。

贺雪峰：《资源下乡与基层治理悬浮》，《中南民族大学学报》（人文社会科学版）2022年第7期。

侯节：《张庄镇宁艾村：让小草莓成为大产业》，《阳泉晚报》2021年5月24日第5版。

李敏：《农村基层党组织要发挥好"头雁效应"》，《人民论坛》2020年第27期。

李思经、张永勋、钟钰、刘明月：《党建扶贫机制、模式及挑战研究》，《农业经济问题》2020年第1期。

梁海平：《荒山秃岭"掘井人"——记平定县甘泉井村党支部书记、村委会主任刘建平》，《阳泉日报》2020年1月24日第3版。

陆雷、赵黎：《从特殊到一般：中国农村集体经济现代化的省思与前瞻》，《中国农村经济》2021年第12期。

任继萍、郭鑫璐、徐雪峰：《富硒田野孕育希望——我市挖掘优势倾力打造富硒农业产业的报道》，《阳泉日报》2022年6月17日第1版。

苏建平：《依托"美丽"资源描绘振兴底色》，《阳泉晚报》2021年7月12日第5版。

苏建平、赵澄宇：《当好群众"主心骨" 带着村民富起来——记"山西省优秀党务工作者"陈培银》，《阳泉日报》2021年8月24日第1版。

苏建平、赵澄宇：《红薯熟了 日子"甜"了》，《阳泉晚报》2021年10月26日第5版。

王晨光：《集体化乡村旅游发展模式对乡村振兴战略的影响与启

示》,《山东社会科学》2018 年第 5 期。

王莹莹:《县域农村资源利用与乡村振兴路径研究——以洛阳偃师为例》,《洛阳师范学院学报》2022 年第 4 期。

谢玲红:《"十四五"时期农村劳动力就业:形势展望、结构预测和对策思路》,《农业经济问题》2021 年第 3 期。

薛继亮、李录堂:《政府主导型农村集体经济有效实现形式研究——基于社会服务功能视角》,《北京理工大学学报》(社会科学版)2011 年第 2 期。

于法稳、侯效敏、郝信波:《新时代农村人居环境整治的现状与对策》,《郑州大学学报》(哲学社会科学版)2018 年第 3 期。

张瀚尹、冯梦琪:《娘子关村入选首批"全国乡村旅游重点村"》,《阳泉日报》2019 年 7 月 19 日第 1 版。

张泉东:《七亘村:激活红色基因 赋能乡村振兴》,《阳泉日报》2021 年 4 月 9 日第 1 版。

张泉东、赵慧敏:《红薯产业的"三级跳"——来自平定县巨城镇半沟村的蹲点报告》,《阳泉日报》2019 年 9 月 8 日第 1 版。

赵澄宇、段佳宇:《冶西镇成立"联村党委"激活发展新动能》,《阳泉日报》2022 年 6 月 12 日第 4 版。

赵澄宇、李慧琳:《艾草香飘致富路》,《阳泉日报》2022 年 8 月 14 日第 2 版。

赵慧敏、苏建平:《"直播间"开进半沟 红薯成"网红"产品》,《阳泉日报》2020 年 11 月 25 日第 5 版。

赵强社:《农村养老:困境分析、模式选择与策略构想》,《农业经济问题》2016 年第 10 期。

周建明:《在实施乡村振兴战略中重建农村建设的集体化机制》,《毛泽东邓小平理论研究》2018 年第 3 期。

周忠丽:《"空心化"背景下农村基层党组织凝聚力建设研究》,

《探索》2016年第1期。

邹升平:《新发展阶段社会主义公有制促进共同富裕面临的挑战与实践路径》,《广西社会科学》2022年第1期。

后　记

本书是由中国人民大学公共管理学院公共财政与公共政策研究所许光建教授的研究团队与平定县委组织部合作，在对平定县各乡镇及代表性村庄进行实地调研和问卷调查的基础上完成的。许光建教授负责策划并提出写作提纲，黎珍羽组织具体调研工作和参与书籍的修改工作，最后由许光建教授修改定稿。

承担本书各部分撰写工作的人员情况如下。绪论、第一章：许光建（中国人民大学公共财政与公共政策研究所教授）、黎珍羽（中国人民大学公共财政与公共政策研究所博士研究生）；第二章：管熠璇（中国人民大学公共财政与公共政策研究所博士研究生）、刘冠宏（中国人民大学公共财政与公共政策研究所博士研究生）；第三章、第四章：翁雅琳（中国人民大学公共财政与公共政策研究所硕士研究生）；第五章：马祎明（中国人民大学公共财政与公共政策研究所硕士研究生）；第六章：乔羽堃（中国人民大学公共财政与公共政策研究所博士研究生）；第七章：黎珍羽（中国人民大学公共财政与公共政策研究所博士研究生）；问卷调查数据分析由管熠璇、刘冠宏、翁雅琳、马祎明承担；实地调研资料整理由黎珍羽、朱弋天（中国人民大学公共管理学院学生）完成。

本书得到平定县委组织部张文斌部长等同志和平定县各乡镇政府的大力支持和配合，参与人员众多，恐有疏漏，故不一一列出姓名，在此一并致谢。同时，感谢中国人民大学李青副教授和山西农业大学吕福龙老师对本书提供的大力支持。

许光建

2023 年 12 月